快樂文化
Happy Publishing House

快樂文化
Happy Publishing House

面對家人的情緒勒索

修煉你的心，掌握能量流動，其實你也能做得很好

安一心——著

目錄 CONTENTS

測測看你是否容易被情緒勒索？ 8

前言──練「心」：破解情緒勒索，做出有意識的選擇！ 10

Chatper 1 我是為你好！ 19

·面對情緒勒索，該怎麼應對？ 20

01 正念能量的心靈練習──學習先讓自己安靜下來 24

·都是為我好嗎──如何意識到情緒勒索 26

02 正念能量的心靈練習──覺察自己 34

·我對你太失望了──有條件的愛讓人窒息 36

03 正念能量的心靈練習——察覺呼吸和情緒的流動和關係 41

・讓你恐懼，無法自拔——高壓的控制讓人失去自信 43

04 正念能量的心靈練習——建立屬於自己快樂的、有自信的動作或幸福之物 51

・扭轉不對等的權力關係——學會勇敢反抗 53

05 正念能量的心靈練習——正念呼吸減壓練習 59

・凝視善意——關係和解的開始 61

06 正念能量的心靈練習——學習用愛的視角或更高的意識看待 64

Chatper 2 我會這樣都是因為你們！ 69

・我是你唯一的小孩——予取予求只會帶來無止境的妥協 70

07 正念能量的心靈練習——重建快樂心（新）的畫面 75

・因為你們沒有給我好的教育——如何看待對子女的虧欠 77

08 正念能量的心靈練習——擁有豐富資源的冥想法 81

・這不是我想要的人生——學習責任是有限度的 83

09 正念能量的心靈練習——請求給予正確指引的冥想 89

・是愛還是傷害——媽寶的養成我們都推了一把 91

10 正念能量的心靈練習——療癒過去的創傷 96
・我虧欠他太多了——物質不是愛的替代品 98
11 正念能量的心靈練習——讓感情純粹 102
・讓愛純粹——試著回到初心吧！ 103
12 正念能量的心靈練習——愛的練習題 104

Chatper 3 新的人生選擇，還是受困於父母嗎？ 107

・如果你孝順我的話，你應該——被濫用的孝道 108
13 正念能量的心靈練習——我是我人生的導演 115
・長大翅膀就硬了嗎——如何面對價值觀的衝突 116
14 正念能量的心靈練習——對家人說出不敢說的話 121
・家業、家產、還是家累——富二代的家庭困境 122
15 正念能量的心靈練習——解開心中的枷鎖 126
・不結婚，就是不孝——溝通才能帶來改變 127
16 正念能量的心靈練習——轉換對方的想法 132
・以愛之名，禁錮親情——愛不是控制 134

17 正念能量的心靈練習——釐清愛與控制 138

・放手，是給子女最大的愛！ 139

18 正念能量的心靈練習——放手，斷妄念 143

Chatper 4 婚後，面對第二個父母，你該怎麼做？ 147

・你應該要把我當你媽一樣——如何拿捏關係界限 148

19 正念能量的心靈練習——讚美自己 153

・你愛小孩，就應該——不同教養立場產生的衝突 154

20 正念能量的心靈練習——幫情緒貼標籤 158

・不跟家裡住，就離婚吧——如何拒絕情緒勒索 160

21 正念能量的心靈練習——撰寫屬於自己的肯定句 166

・這是我最後的願望——用心平氣和取代不甘願 168

22 正念能量的心靈練習——身心的鍛鍊，可以快速調整情緒 173

・不聽我的話，就——成為情緒勒索的幫凶 175

23 正念能量的心靈練習——事情發生，我們都在場！ 180

Chatper 5 我們是家人吧…… 185

·就當作幫幫我——來自親情的推銷 186

24 正念能量的心靈練習——你有說不的權利！ 192

·都是一家人，就要互相幫忙——放下受害者的心態 193

25 正念能量的心靈練習——任何行動前，暫停三秒 197

·小錢都要計較嗎——親兄弟也要明算帳 198

26 正念能量的心靈練習——與父母親和解的冥想 204

·回家過年是義務嗎——選擇沒有對與錯 209

27 正念能量的心靈練習——蒐集幸福，打造屬於自己的幸福筆記本！ 213

Chatper 6 親戚真的不用計較？ 217

·難道幫忙都是應該的——面對理所當然的應對之道 218

28 正念能量的心靈練習——感恩一切人事物！ 222

·每天比來比去，不累嗎——長輩間的隱性競爭 223

29 正念能量的心靈練習——分享愛、分享幸運、分享幸福 227

·你真的是我們家的人嗎——酸言酸語的應對之道 228

30 正念能量的心靈練習——找出其他優點！ 232

・別這麼不留面子吧——把焦點定在事情本身 234

31 正念能量的心靈練習——讓語言純正 238

・事業有成，就要負擔多一點——來自金錢的考驗 239

32 正念能量的心靈練習——祝福生命的一切存在 242

Chatper 7 從能量角度看情緒勒索 247

・搞定情緒，我變得有智慧——從學員的心得說起 248

33 正念能量的心靈練習——喜悅誓言 256

・不求愛、不討愛，而是成為愛本身！ 257

34 正念能量的心靈練習——成為愛的管道 261

・境隨心轉，心隨念轉 262

35 正念能量的心靈練習——愛自己 267

・走自己的生命之路！ 268

36 正念能量的心靈練習——連結本源的冥想，讓自己和世界充滿能量 271

測測看你是否容易被情緒勒索？

「你是容易被人情緒操縱的人嗎？」

每題5分，最高得分125分，最低0分。

	01 我總是取悅別人
	02 我需要別人的贊同，我覺得獲得別人贊同是重要的
	03 我對別人如此周到，他們也應如此對我
	04 我沒有自我認同感
	05 你們不應該拒絕或批評我
	06 拒絕別人真的很難
	07 我常常避免顯露負面情緒
	08 衝突一定不會有好結果
	09 發生在我身上的事，其他人比我還更清楚
	10 我很在意別人看法
	11 我習慣按照別人要求去做事
	12 我容易覺得羞愧，對不起人
	13 我很依賴他人決定
	14 我的價值取決於我服務多少人
	15 人們喜歡我，是因為我有求必應
	16 我很少去拒絕幫忙人
	17 做決定對我來說是件很難的事
	18 我在乎別人對我的看法
	19 當對方憤怒或敵視時，我很容易膽怯
	20 我討厭且極力避免發生衝突
	21 我總是想在別人面前當好人
	22 我必須徵詢別人的意見後，才能做出決策
	23 與其衝突，我習慣面帶微笑，避免發怒
	24 當別人焦慮的時候，我有責任幫忙他安靜下來
	25 如果有人發脾氣，我總是覺得那是我的疏失

立即線上測驗

測驗結果：

●65－100分以上

這表示，你超級容易受到各種方式勒索、操縱。你有可能這輩子的人生都是在為別人而活。操縱者對你，只要一個眼神口令，你就一定被吃得死死的。

●26－65分

你可能已經歷經了幾段被勒索的關係，似乎有逃離成功過，但是某些情況下，這些情緒勒索慣犯還是很有機會牢牢操縱你的一舉一動。

●0－25分

恭喜你，你不再是容易被欺負或下手的對象了。大部分你所處的氛圍中，根本沒有情緒勒索的字眼，但是你必須小心那些高超技巧的情緒勒索者，特別是跟你關係最緊密的家人，他們總是會用一些無形的操縱方法企圖拉扯你的資源，讓你再次深陷。

請你再次檢視哪些選項你曾經打勾過，然後好好調整自己的狀態。

前言——練「心」：破解情緒勒索，做出有意識的選擇！

嗨！我是安一心，我也是在情緒勒索下長大，和你一樣。

數不清有幾次，夢到自己困坐在考場裡，一題也答不出來，為了讓父母有面子，為了當父母的乖小孩，甚至千方百計想要偷看隔壁同學的答案。雖是很多年的事了，但那無法滿足父母期待的罪惡感在夢境中絲毫未減，還是一樣的掙扎，然後在驚嚇中突然醒來，呼吸急促，心跳不止。

「我這樣子是為你好，怎麼都不聽話呢？」

「又不會害你，乖乖按照我們說的去做！」

「為你犧牲了這麼多，怎麼不體諒我們一點呢？」

從我還是個孩子，從我開始認識這世界，這些字句就支配著我，推著我向前，不管我情願或不情願。即使現在長大了，獨立了，但反覆的夢境很諷刺的提醒著我，那些字句和字句背後強大的力量，依然在操控我的人生。

愛是父母與子女間最純粹的連結，也許父母並非以勒索為目的，有時未必知曉他們自己在做什麼或非出於惡意，但身為絕大多數子女成長過程中「愛」的最大供應商，有意無意的將「愛」包裝成可交換商品來行銷的背後目的，說出來的話變成無心的恐嚇，若未能如其所願，隨之而來的憤怒與責罵就成為了傷害。

我不想再重複考場噩夢了，我希望能有雙大佛的手，安撫我因驚恐而撲通撲通跳的胸膛。

想逃、想抗拒，於是我去學習溝通技巧、表達能力、口才訓練，同時開始內省、開始自我對話、開始上各式各樣的成長課程，想像自己已經能療癒過去的傷，催眠自已對類似的勒索產生抗體，準備好一旦類似的對話展開，藉由表層理智話術和內層同理心的裡應外合，講贏父母師長，結果他們簡單的一句「小孩子有耳無嘴，我是為你好」，就輕鬆摧毀了所有的努力準備，什麼招數都無用武之地。

進入職場後，一開始我選擇逃離，用距離切斷連結，能多遠就多遠，眼不見為淨。雖然離開了家，但工作上總是會投射出同樣的困擾，習慣被情緒勒索的人，終究會不自覺的找到相同的主管和老闆，他們也跟我說：

「我都是為你好，你再努力點……」

「不認真點，就不屬於我們的團隊。」

為了生存，為了證明自己的能力，自己不自覺的被催眠，進入對號入座的模式，接受無止境的勒索，將一切合理化為進步的動力，不斷、不斷地往前再往前……

過去的點點滴滴，總是三不五時的跳出來干擾人生決策與親密關係，再多的理智技巧也擋不住情緒上的糾結。每每為了保全彼此的關係，放棄自己的需求，久而久之形成了痛苦與委屈的迴旋，讓雙方關係掉入惡性循環，直到以彼此不諒解而尷尬的結束，只好再逃到更遠的他鄉重新開始。

受了傷的孩子還一直在那裡！那個只為換得父母的愛的孩子還是在。只是對象換了，從父母變成老師、老闆、老公或老婆。

這些年印痕般的傷害，給予我尋找大佛的動力，引導我走上了療癒之路；各式的訓練，賦予我輕易破解情緒勒索字眼的能力，但也啟動了我的個人防護罩，只要是有可能對我展開情緒勒索的人，我傾全力省思他或她講的每一字每一句，全力防備。我以為我免疫了。

情緒勒索的「結」與「解」

直到有一天親密的夥伴跟我說：「為什麼你要對我情緒勒索？」我才突然意識到，我抗拒過去卻懷抱著過去，雖然身為受害者，卻也覺得情緒勒索非常好用，這個議題還有很多面向值得思考，我還沒找到我的大佛。

這才真正明白，「結」與「解」都在「原生家庭關係」的互動模式，也就是與家人的人我界線，所有情緒上的勒索和被勒索都有密切的關聯，於是我將這未解的習慣模式，「投射」於工作、生活、關係中。

我才開始了解，真正要修煉的是內在的那顆心，讓心重新解構對外部訊息的辨識、收納、解讀和反應的流程，重新感受內在情緒能量被外界影響的起點、程度和變化。

外在只是外在，如何回應取決於自己那顆心的能量和狀態。心穩定了，就不容易受到情緒勒索的影響。所以要「練心」，讓自己不帶顏色的看見情緒勒索。做一個有意識的選擇，而不是靠表面的技巧與手段。

情緒勒索曾經困擾著我，如果能將這些經驗和過程，用以協助他人免於痛苦的情緒枷鎖，會是多麼開心的事。於是，我進一步取得國外心理治療的完形治療師資格，這些年來也開始在各大專院校通識課程、個人工作坊或線上課程，教授「情緒管理」課，分享破解情緒勒索的技巧。

不同於一般的教導，只片面於溝通技巧和概念上的了解，而是透過簡單的練習，了解心的能量，藉由內在的情緒能量穩定，讓心在情感關係中更有力量的發展出一套捷徑、公式和藍圖。

你會從本書學到什麼？

謝謝你打開這本書，本書把家庭會遇到的情緒勒索，透過一章又一章的故事與方法，依序教你如何破解面臨到的情緒勒索，這些工具簡單卻強而有力，可讓你用來提升自己的視角，不易墜入情緒的困惑，藉此改善彼此的關係，以及為生命帶來美好的轉變。

每個人、每個家庭的故事情節看起來各自不同，內在的運作其實相當類似——具有可預測性，甚至能輕易了解。親情和情緒間的行為背後有一套潛藏的模式，我們只需知道該去哪裡找出這套模式就行了。

本書有三個重點：

第一個重點是培養敏銳的「情緒探照燈」，觀照受苦的身心。

透過故事，一則一則的情境，讓你內在模擬解讀情緒上的沾黏，幫助你在短短的三分鐘，掌握親情的互動，但不掉入漩渦中，以對等的高度與對方展開健康的對話，創造出好的平衡互動。

第二個重點是以腦心原理來建構情緒的穩定系統。有良好而穩定的情緒才不會被外界輕易的晃動，落入負面情境中。我把這套系統稱為「心錨定位」，心可以如船錨般穩定並持續地愉快，也可以在腦海中創造更長久的愉悅情緒，彷彿自己有一個寬廣舒適的能量海，即使一時暴雨驟風來襲，也會很快的雨過天青風平浪靜。你如果想要更圓融的關係，就需要運用這些技巧。

第三個的重點在於透過一步步的練習，鍛鍊自己的心智。讓自我的心更加柔軟而無為，伸展自己的視角和維度，掌握人我的界線和情緒能量流動的要領。你會開始散發「快樂幸福」的頻率，讓人皆醉於你的美好之境。這是最終極的層次，也是關係互動最進階的一步。

學習情緒技能將改變你的人生，培養良好的情緒互動關係，將為你所有成功的關係添加催化劑。

看完本書後，你將能夠更靠近圓融美滿的家庭關係。此外，擁有這份愉快的圓滿當作後盾，你也會在工作和生活中有更多的自信和魅力。

受傷的孩子永遠在，而那個可以撫慰驚恐的大佛，就是你自己。做一個有意識的選擇很簡單，你欠缺的只是練習。

Chapter 1

我是為你好！

「我是為你好！」是東方親子關係中，最常見也是最難解的一句話。

甚至可以說，東方親子間的情緒勒索，都是圍繞著這句話而來。

網路上有一個笑話說：「有一種冷，叫作你媽覺得你冷」，其實就是這個概念。

所以，我們以這句話作為第一章標題，開展出情緒勒索如何影響我們的關係！

面對情緒勒索，該怎麼應對？

從小，大部分的人都被要求要有好的成績、好的表現，讓父母可以在親戚朋友間炫耀，證明自己的小孩贏過別人的小孩，父母卻從未好好了解，孩子是不是願意這樣做，這真的是他們喜歡的事情嗎？

回過頭來說，我們每一個人都曾經面對過親人的情緒勒索。小到生活瑣事，大到人生規畫，都有可能是勒索的事項。所以，我們應該如何面對這樣的情緒呢？

1　我們要先辨識出：「這是不是情緒勒索？」

因為，並非親人的每一句話都是勒索，有時候可能是善意的提醒。所以，辨識出是否為情緒勒索，就是你該面對的第一步！

既然叫作「情緒勒索」，那麼對方在說出這些話的時候，通常是會有情緒性的感染，像是「你這樣做對嗎？」「你這樣做對得起我嗎？」「你傷了我的心！」「我只是為你好！」等等。

當你碰到這樣的情緒渲染的時候，要在內心拉警報，辨識這是不是情緒勒索？那如果我沒有辨識出來呢？

這時候你就會陷入對方所要控制你的情感，像是愧疚感、罪惡感、無力感等等，也有可能是激起你的憤怒、你的衝動，當你發現自己有這樣的情緒時，其實你已經落入了情緒勒索的圈套中了！

當你順利辨識出來這是否為「情緒勒索」之後，再來你應該要怎麼做？

很多人辨識出來之後，就會和對方說：「你這是在勒索我、綁架我，你這樣做是錯的！」然而，這麼做只會得到更多情緒！雙方一同被淹沒無盡的情緒汪洋中無法自拔。

2 你要相信，對方的發心絕對是為了你好！

你或許會說：「怎麼會為了我好？你不是說為我好都是情緒勒索？」是的，當勒索方說為了你好，是為了讓你往對方想要的地方走，但對方之所以會認為這樣比較好，那是因為他深信：「這樣的規畫對你比較好！」所以不需要去否定對方的初心，但對方所選擇的方式，卻可能不是你所需要的。所以，我們要肯定對方的初心，但可以商量用另外一種方式達成！

你可以說：「我知道，你都是為了我好，我都明白！」先讓對方的情緒得到舒緩，讓對方知道，你並不是否定他的心意，而是我們可以一起好好商量呈現的方式，心平氣和的溝通。

當我們面臨到情緒勒索時，往往會跟著對方的情緒起舞，搞得自己筋疲力盡、兩敗俱傷。但是如果想要得到好結果，千萬要保持心平氣和。台語俗話有云：「相罵沒好話」，在情緒穩定的狀態時溝通，才能得到最好的成效。

這時候，你應該會說：有那麼簡單就好！

的確，關於「情緒勒索」這件事情真的沒那麼簡單，所以接下來我會透過故事，一步步教導你如何真正面對情緒勒索的方法。因為，唯有徹底解開情緒勒索，彼此的關係才能回到原點，回到最純粹的那一段關係！

01 正念能量的心靈練習——學習先讓自己安靜下來

要如何做到心平氣和？就是先讓自己安靜下來。

不知道你是否覺察到，當情緒來臨的時候，通常心中都會有很多的「小聲音」，像是「他為什麼要這樣對我？」「為什麼要這樣逼我？」「我到底哪裡做錯了？」等。

而這樣的小聲音無助於解決事情，只會弄得更糟而已。這時候就要對這些聲音喊「停」，讓自己真正安靜下來。

然而，沒有透過練習，一般人很難快速安靜下來，這時候就需要一些方法，最簡單的其中一種就是深呼吸。

＊練習

❶當你遇到事情的時候，先讓自己進行幾次深呼吸。

❷在心中對自己說：放輕鬆，平靜下來。

❸然後吸氣，在心中默念：一、二、三、四、五。

❹接著吐氣，也在心中默念：一、二、三、四、五。

❺讓默念的數字慢慢拉長，像是：原本三秒念完拉長到十秒。

❻慢慢地，你就可以感受到自己紛亂的心靜了下來。

都是為我好嗎——如何意識到情緒勒索

晴美憤怒地掛上電話，然後把手機摔在床上，一個人衝進了廁所，把蓮蓬頭打開來，把水往自己的頭上沖刷，試圖冷靜自己的情緒，但仍澆熄不了她的怒火。

她一直回想著媽媽對她說的話，像是：

「我是為妳好，如果不快點結婚的話，妳會孤家寡人一個，到時候變成老姑婆！」

「妳從小就是不聽話，所以現在工作才這麼不順利！」

「如果當初聽我的話，妳現在一個月薪水應該就有七、八萬了！」

「妳到三十歲了還只領個三萬元，當初為什麼不聽我的話，我都是為了妳好！」

想到這些話，讓晴美更加火大！為什麼媽媽總是可以用「為了我好」不斷傷害我，我到底是不是她的小孩？我到底做錯了什麼？幾分鐘之後，晴美蹲著大哭了起來！那時候，她覺得自己完全不被重視，只是媽媽手上的人偶，不斷地操弄她的人生。

她已經數不清有多少次了。從小到大，她跟媽媽總是為了一些小事情大吵大鬧，媽媽最後都會拿出「為了妳好」的理由，逼迫她接受媽媽想要的結果。

國中的時候，媽媽要晴美去補習，她認為自己程度還可以，所以一直不願意去，沒想到媽媽硬是幫她報名了補習班，然後對她說：「我是為了妳好，你以後就知道了！聽媽媽的話準沒錯！」

高中的時候，晴美對於歷史、地理有濃厚的興趣，但媽媽卻跟她說：選理工科系才有前途，逼著她選三類組，然後要她補習英文、數學、物理、化學等科目，讓她苦不堪言。

那時候，她對媽媽說：「我已經受不了這樣的課業壓力，我可以念文組嗎？」

媽媽對她說：「妳還年輕不懂事，未來理科找工作比較容易！」

高中畢業後，晴美沒有考上大學。於是她先去工作，第二年考了一間夜間部大學，念了商科，開始半工半讀的生活。

這時候媽媽對她很不滿，常常對她說：

「妳這樣怎麼會有出息？」

「我跟妳爸以後該怎麼辦？」

「我們對妳付出了這麼多，妳怎麼這麼沒有志氣？」

最後，晴美終於受不了媽媽的冷嘲熱諷，從家裡搬出來自己住。但媽媽還是會透過電話、簡訊，想要晴美依照她的安排，找一個穩定的工作，而且還不斷幫她安排相親，希望她趕緊嫁一個有錢人家，好讓生活回到正軌。

這一天，晴美的媽媽就是打電話給她，要她星期六回家相親。她覺得非常生氣，就回了媽媽幾句話，媽媽就對她說：

「我都是為了妳好，我是妳媽，我會害妳嗎？如果妳不回來，那以後就不要回來了！」

聽到這些話，晴美生氣地掛了電話。大概半小時之內，晴美的電話響了十幾通，都是媽媽打來的，晴美從浴室出來之後，發現這麼多通的奪命連環叩，還有三、四則的簡訊，上面寫著像是：「快點給我回電！妳這個不孝女！」「我還沒說完，妳居然掛電話！」看著這些簡訊，晴美苦笑著，不知道該說些什麼。

如何覺察「情緒勒索」？

面對這樣的親情糾葛，有一部分的人就會像晴美一樣陷了下去，進入一種互相傷害的狀態，雙方把情緒無限渲染，然後彼此互相攻擊，到最後關係越弄越僵，彼此的感情也越處理越糟。等到回過神來，還不知道自己到底發生了什麼事。

其實，這就是親情的情緒勒索。

在《情緒勒索》一書中就明確地提出：

情緒勒索是宰制行動中一種有利的形式，周遭親朋好友會用一些直接或間接的手段勒索我們，如果不照他們的要求去做，我們就有苦頭吃了，所有勒索的中心就是基本的威脅恐嚇。

依照這樣的說明，我們可以清楚知道，所謂的情緒勒索，就是基於彼此關係的連結，對於對方進行情緒性的綁架，而希望能得到他們所冀求的結果。

想要從這樣的情緒勒索當中跳脫出來，第一件事情就是要辨識出：自己所面臨的狀況，到底是不是情緒勒索？有時候，情緒勒索會用善意的建議出現；有時候，情緒勒索會用惡意的威脅出現，但不管是哪一種形式，最終就是對方希望我們依照其想法前進。但，唯有先辨識出情緒勒索的狀況，我們才有機會從這樣的混亂中脫逃！

「情緒勒索」的四種類型

在《情緒勒索》一書中，把情緒勒索者分為四種：施暴者、欲擒故縱者、自虐者、悲情者。

施暴者

施暴者就是直接的脅迫者，他們最明顯的態度就是：要嘛就聽我的，不聽我的你就離開！就像剛剛晴美的媽媽一樣，她對晴美的態度就是：要嘛回來相親，不然就不要回來了！這就是典型的施暴者。

有另外一種施暴者，並沒有這麼直接地用言語威脅，而是用無聲的行動來代替，這樣的施暴者就是消極施暴者。假設今天晴美的媽媽聽到晴美不回來以後，就直接掛掉了電話，然後都不接任何訊息，這時候晴美媽媽就是消極的施暴者。

欲擒故縱者

所謂的欲擒故縱，就是為了要達到某種目的，而想盡辦法對對方好，好到讓對方處於無法拒絕的狀態時，再提出自己的要求，進而達成想要的結果。如果晴美的媽媽從小就對晴美很好，而且清楚地讓晴美知道，如果晴美聽話的話，就會一直有這樣的好；這時候，晴美往往會因為貪求這樣的好處，而接受媽媽的勒索。

自虐者

自虐者顧名思義，就是透過虐待自己，迫使對方讓步，接受自己的請求。舉例來說，如果媽媽對晴美說，如果妳不回來相親，那麼我就去死！這時候晴美會迫於媽媽的自虐行為，而接受媽媽的相親安排。這時候晴美的媽媽就是自虐者。

悲情者

悲情者，就是故作悲情，用對方的罪惡感來達成自己想要的結果。以晴美的例子來說，如果媽媽對晴美說：「哎呀啊！我很失敗啊！我沒有辦法讓妳過好日子，都是我的錯！我想妳也不稀罕媽媽的安排，所以才不願意回來相親。」

這時候媽媽透過訴諸悲情，迫使晴美願意回來相親，就是使用了「悲情者」的手段。

為什麼我們需要辨識出這些「情緒勒索」的情況呢？每一種情緒勒索的模式，都有不同的破解方法，唯有當自己清楚自己的情況後，才會知道要如何破解！覺察出自己處於被「情緒勒索」，繼而辨識出屬於哪一種勒索形式，才能夠進行下一步的破解！

POINT

面對情緒勒索的第一個關鍵：覺察並辨識出情緒勒索類型

02 正念能量的心靈練習——覺察自己

現代人每天都有很多事要忙，所以往往都在處理外在的事情，包括公事、家庭、應酬等；我們對於外在的事情瞭如指掌，卻對於自己的事情一無所知。

所以我們要把注意力拉回到自己身上，這樣才能開始覺察到自己，發現自己的存在。

這次我們從感官著手，讓所有注意力回到自己身上。

＊練習

❶找一個安靜的地方坐下來。

❷然後告訴自己看到什麼。像是：我看到有一個時鐘。

❸接著告訴自己聽到什麼。像是：我聽到隔壁有人在吵架。

❹最後告訴自己感覺到什麼。像是：我感覺屁股的重量壓在椅子上。

❺這時候可以重複步驟❷～❹，大概兩次之後，就可以慢慢閉上眼睛。

❻這時候你可以繼續重複❷～❹的步驟（也許有人會疑惑，閉著眼睛怎麼看東西，但其實這時候的看已經不是真正的看，而是彷彿看到什麼東西）。

❼你可以慢慢觀察自己出現了哪些念頭，這時候你就開始覺察自己了！

我對你太失望了——有條件的愛讓人窒息

宇佑是單親，他的媽媽一個人要撫養宇佑，又要工作，可又希望宇佑不會因為沒有父親而輸人一等，所以對於小孩教育非常重視，從小就想辦法讓他念好的學校、請好的家教，就是不想讓小孩輸在起跑點；也因此，只要每次小考、月考，媽媽總是嚴格地檢視他的成績，如果沒有達到九十分，就會被嚴厲地斥責。

她總是這樣對宇佑說：「宇佑啊！不是媽媽要這麼嚴格，媽媽這是為了你好啊！我這是希望你將來能夠出人頭地，幫媽媽爭一口氣！」

宇佑聽了這些話，總是有著滿滿的愧疚感。

那一年宇佑十四歲了，叛逆期的少年對於「考個好成績」這件事，越來越沒有感覺，於是他開始不看書，上課也不好好上，成績一落千丈。

這時候媽媽對他說：「宇佑啊！你是要氣死我嗎？你看你的成績，這樣對得起我嗎？你明明知道媽媽工作很辛苦，為什麼你不能體諒媽媽的心呢？」

宇佑聽了這些話，有著更深的罪惡感了。

於是，「我真的這麼糟糕嗎？」「我是不是真的很差勁？」「我是個壞小孩！」「媽媽這麼辛苦，我真的很不懂事！」這些話語，慢慢地不斷滲透到宇佑的心中，只要有任何事情不順媽媽的意，她就會大哭大鬧，說自己很命苦，一個人賺錢持家，還碰到不懂事的小孩，這要她情何以堪？

不斷處於這樣的狀態下，宇佑快要瀕臨崩潰的邊緣，他不知道自己該怎麼做才對，他想要自己作主，但是媽媽又一直告訴他應該要怎麼做，如果不順媽媽的意，就會哀怨地說自己很命苦，不斷加重宇佑的罪惡感。

遇到情緒勒索，快閃！

看到宇佑這樣的狀況，讀者應該知道他碰上了媽媽的情緒勒索。如果對照了上一章的四種類型，可以發現到宇佑的媽媽，其實大都是用「悲情者」的方式來綁架宇佑，希望宇佑能夠依照她想要的結果而行；所以悲情者會利用人們的同情心與罪惡感，來達成他們的目的。

因此，當我們碰到情緒勒索的時候，除了要覺察並辨識出是哪一種情緒勒索之外，有一件最重要的事情就是：遠離現場！

為什麼需要先選擇「遠離現場」？因為，當對方進行情緒勒索的時候，一定會想辦法擴大情緒的感染力。

悲情者的情緒勒索

他們會想辦法擴大自己的不幸，並且加深同情心與罪惡感，如果沒有趕緊離開現場，就會陷入情緒漩渦當中，這時候就很難抽身。

自虐者的情緒勒索

這類人就會用死亡、自我傷害的方式，來讓對方感覺到事情很嚴重，如果不順從就會造成嚴重的結果；有時候，他們也會用「就是你害我」的角度來進行綁架。如果我們陷在這樣的情緒當中，就會感覺到自己對不起勒索者，所以我們得做出補償。當你快速離開現場之後，就不會被這樣的情緒所感染，自然就有機會把事情看得更清楚！

欲擒故縱者的情緒勒索

遇到這樣的對象，我們很容易沉溺在對方的「好」當中，而認為我們應該要有所回報；如果我們不依照對方的想法，就會失去這所有的「好」。當我們可以遠離這樣的誘因，處於客觀的角度時，就更能看清楚戲碼，自然就會破解這樣的情緒勒索。

施暴者的情緒勒索

不管是面對積極或是消極的施暴者，他們的狀態都會讓自己陷入被威脅的感覺，他們就是利用我們的恐懼心情，來達成他們所要的結果，這時候我們更加需要遠離情緒中心，想辦法擺脫那樣的恐懼狀態，才能夠清楚地看見：我們正被情緒威脅著！

有時候，我們面臨情緒勒索的時候，總是會害怕：萬一我離開，這樣對她好嗎？其實，快速離開情緒風暴中心，不管對自己或是對方來說，都是一個很重要的步驟，因為當我們面臨情緒風暴的時候，通常是沒有理性可言的，除非對方達到他們所要的結果，不然絕對不會善罷干休；所以，如果面臨情緒勒索，還一直堅持不退，到最後只會弄得兩敗俱傷。

POINT

面對情緒勒索的第二個關鍵：離開情緒風暴中心！

03 正念能量的心靈練習——察覺呼吸和情緒的流動和關係

呼吸跟情緒有沒有關係呢？我想一般人應該很難察覺當中的關聯，但其實只要稍加注意，就可以發現這兩者有很大的關聯。

現在請你回想一下，當你恐懼害怕的時候，你的呼吸頻率是如何呢？是不是急切而快速呢？

當你躺在按摩椅上，身心都處於放鬆狀態的時候，是不是呼吸就會慢下來呢？這就是呼吸跟情緒之間的關係，而現在我想要請你重新體會一下。

＊練習

❶請你找一個你覺得舒適的地方坐下來。

❷然後開始把呼吸的頻率變得急促，感覺自己的呼吸聲越來越大。

❸回到正常呼吸頻率，去感受一下自己的身體，是不是感覺到自己的身體變得緊張，心跳頻率也會增加，情緒也開始有點暴躁起來。

❹接下來把呼吸的頻率拉長，感覺自己的呼吸越來越慢，這時候你會用到腹腔的力量，吸氣量會變得充足。

❺回到正常呼吸狀態，感受一下自己的身體，是不是感覺到身體變得輕鬆，心跳頻率微幅下降，情緒也緩和下來。

讓你恐懼，無法自拔——高壓的控制讓人失去自信

元謙害怕地走到爸爸面前，囁嚅地對著爸爸說：「我這次考試只有六十分。」

一聽到元謙的分數，原本在看報紙的父親，緩緩地把報紙放下來，用嚴厲的眼光看著元謙，對他說：「你考這樣的成績，是要氣死我嗎？」然後拿起桌上的牌尺，直接往元謙身上打，一邊打還一邊說：「如果你下次考不到八十分，就不用回家了，我當沒你這個兒子！」

為了怕被父親趕出家門，元謙很努力地看書，才考了八十分，免於被趕出家門的恐懼。這不是元謙第一次被父親威脅了，當然也不會是最後一次！

元謙高中的時候參加了熱音社，寒假時必須要在外面受訓，於是他跟媽媽

說：「我想要去參加熱音社的寒訓。」

媽媽說：「你要跟爸爸說，爸爸說可以才能去。」於是元謙還是硬著頭皮來找爸爸。

爸爸一聽到元謙要去參加熱音社寒訓，馬上就跟他說：「不准去！」

這時候元謙態度也很堅決地說：「但我真的很想去！」

爸爸就「哼」了一聲說：「可以啊！去了就不要回家！」聽到這句話之後，元謙只好打退堂鼓。

大學畢業後，元謙順利進入一間生技公司當研究員，逐漸跟另外一位同事發展出辦公室戀情，當元謙覺得時機成熟了，就帶著女朋友回家吃飯，介紹給爸媽認識，在這次的聚會當中，爸媽表現出非常熱情的態度，殷勤地招呼著元謙的女朋友，讓元謙覺得爸媽應該是很喜歡這個女孩子。

在吃飯的過程中，爸爸問了元謙的女友：「你老家住哪兒呢？爸媽在做什麼？」

「我家住在雲林，爸媽是務農的。」女友爽快地回答著。

一聽到女友家裡務農，元謙爸爸的臉色微微改變，但還是維持表面的熱情。

隔天，爸爸就問元謙說：「你想要跟她結婚嗎？」

「我是有這樣的打算啦！」元謙靦腆地說：「你們覺得呢？」

「我不同意！」爸爸直接說了結論：「我們家好歹是書香世家，怎麼可以跟務農的結親呢？」

「爸！你這樣說太過分了！」元謙反抗地說：「人家也是大學畢業，在生技公司上班啊！」

「但是他們家務農，這樣的婚姻不夠門當戶對，結婚的時候我的面子往哪兒擺？」父親喝了一口茶後說道：「總之，我不同意！」

「那如果我一定要結婚呢？」元謙堅決地說。

「那你就給我滾出去！我不會承認你是我兒子！我也會當沒有生過你！我們家不會幫你出任何一毛錢，要結婚自己想辦法！」父親比元謙更堅決。撂下這句話之後，爸爸就離開了，沒有任何轉圜的餘地。

最後，元謙屈服了。

面對威脅，考驗你的心理素質！

情緒勒索，一定要有一個勒索者，一個被勒索者。這場戲，如果只有勒索者，而沒有被勒索者，就無法唱成。也就是說，情緒勒索是一個巴掌拍不響的遊戲，所以當你被勒索的時候，通常也是你給對方機會！

聽到這邊，你或許會想：等等！你說什麼？我沒有給對方機會啊！我是被勒索的人耶！

對！你沒聽錯，就是你給了對方機會，但這不完全是你的錯。只是你的身心狀態，讓對方敢於不斷勒索。或許你會問：「面臨情緒綁架的時候，不是每個人都會被勒索嗎？」

當然不是！

在《情緒勒索》一書中，提出了容易被情緒勒索的幾種個性：

- 極需要別人的認同。
- 害怕別人生氣。
- 希望無論在什麼情況下，都能維持表面的平靜。
- 容易為別人的生活負一些不必要的責任。
- 極端缺乏自信，或經常懷疑自己的能力。

極需要別人的認同

容易被情緒綁架的人，往往都是極度需要被認同的人。一般來說，需要被別人認同是很正常的情感，但是有些人是需要別人的肯定與認同，才能夠肯定自己的存在，這時候遇上了擅長勒索他人的人，自然就是囊中之物！

害怕別人生氣

有些人，總是害怕衝突，只要有人生氣，就會想要快速平息不愉快。特別是華人社會當中，常常會有「以和為貴」的觀念，所以往往會想要快速平息對方的怒火，於是走向了被勒索的路。

希望無論在什麼情況下，都能維持表面的平靜

這一點在華人社會當中，也是特別明顯的事情。華人往往不細究事情的本質，只希望能夠獲得表面的和平，所以常會被勒索。尤其在傳統華人的家庭中，如果爸爸跟小孩之間有衝突，媽媽通常會扮演維持表面平靜的人，希望小孩能夠屈服，維持父親的尊嚴。但這樣的行為往往無法獲得好結果，只會讓父親成為家庭的勒索者，等到小孩長大，可能會承襲這樣的習慣，成為另外一個勒索者，不可不慎！

容易為別人的生活負一些不必要的責任

有些人非常容易自責，總認為自己需要負責許多事情，所以他們把別人的事情當作自己的事情，讓勒索者因此有機可趁！在親子關係當中，最常見的就是所謂的「孝順」，特別是被親情勒索的「孝順」。舉例來說，有些兄弟在討論照顧父母的時候，常常會說：「我是大哥，所以要承擔大部分的責任！」「我沒有結婚，所以要承擔照顧媽媽的責任！」因為這種承擔責任的莫名想法，所以常會成為被勒索的人。

極端缺乏自信，或經常懷疑自己的能力

極端缺乏自信的人，會想在每一個人的身上找尋自信，所以會需要不斷得到別人的肯定，彷彿別人多肯定一點，他們就更有能力一些。甚至，因為沒有自信，所以別人的一句話，就可以決定他們是上天堂或是下地獄，這時候就是被勒索的最好機會。

當我們清楚知道上述這五種容易被情緒勒索的心理狀態時，就應該想辦法提升心理素質，讓自己可以擁有免於被情緒勒索的體質。

POINT

面對情緒勒索的第三個關鍵：提升自己的心理素質！

04 正念能量的心靈練習——建立屬於自己快樂的、有自信的動作或幸福之物

你是否曾經有過這樣的經驗，當你拿著某些東西，就會有一種溫暖的情感湧現。

舉例來說，有些人喜歡抱著布娃娃睡覺，只要抱著那個從小到大的娃娃，就會覺得有安全感、容易入睡。

這是因為我們的某些情緒會透過視覺、聽覺或感覺，記憶在我們的大腦當中，當我們養成這樣的記憶迴路時，只要同樣的東西出現，就能夠快速喚醒那種情緒，讓身心都處於那樣的情緒當中。手勢跟動作也是一樣。

＊練習

❶找一個會讓你感覺到自信心的物品、手勢或動作。舉例來說，如果學超人的動作可以讓你有自信的感覺，你可以把這個動作當作是建立自信

心的一個開關；如果手上拿著一枚小銅幣可以讓你覺得有自信，那就把小銅幣拿出來當信物。

❷尋找一個有自信的時刻，重新想像那個有自信的場景。

❸然後想像那個自信從內心湧出，匯集到你的信物或動作當中。

❹告訴自己：每當我做出這樣的動作／拿出這樣東西的時候，我會越來越有自信，可以克服任何困難，產生面對一切的勇氣！

扭轉不對等的權力關係——學會勇敢反抗

昀臻的父親是一位中小企業的老闆，在經濟起飛的那段時間，爸爸累積了不少財富，也買了三、四間房子。昀臻的媽媽則是學校老師，對於小孩的未來，也有不少想望。

他們期待昀臻跟弟弟都能夠更加出人頭地，比自己更加傑出、更加優秀，所以父母對於他們的教育非常嚴格，除了才藝補習之外，還要求他們的課業都要達到前五名，否則就要處罰。

在這樣的家庭教育下，昀臻漸漸地朝向父母期待中的「理想小孩」邁進，她乖巧而聽話，一切唯父母之命是從，彷彿就是爸媽豢養的芭比娃娃。

高中選科系的時候，原本想要選擇社會組的她，因為爸媽的一句話，改選了自然類組，很吃力地考上了物理治療科系。

畢業之後，昀臻到了一間小診所當物理治療師，原本已經習慣了這樣的平靜生活。沒想到三年之後，爸爸對昀臻說：「爸爸老了，希望妳跟弟弟能夠回來接手我的事業！」

這時候昀臻的弟弟表達出強烈的反對意願，因為他不想要當父母的操線人偶。於是爸爸威脅弟弟，如果他不願意回來，那麼他將會斷絕對他的金援，沒想到過去一向怯懦的弟弟居然對爸爸說：「那就不要再給我錢！我是不會回去接工廠的！」

而昀臻則是對爸爸的要求，一點也不敢反抗。因為她知道，現在所有的享受，都是爸媽一個月多給三萬元的零用錢，讓她能夠不只不愁吃穿，還能過上不錯的生活，如果少了三萬元，她的薪水又不到四萬，那她肯定買不起那些名牌包包、手錶，更不用說每年換的新手機，在這樣的壓力下，昀臻選擇屈服了……

面對不對等的權力，你可以反抗！

通常，我們對於權力的認知是來自於父母，父母如何對待小孩，就決定了小孩對於權力的認知。

如果碰到嚴肅權威的父母，就容易感受到強烈的權力不對等感，也就是說，小孩常常會感受到父母所施加的壓力，並且在生存壓力之下，不得不對父母低頭，容易培養出極端的人格，不是過於退縮，就是個性叛逆，甚至有反社會人格；而較為開放的爸媽，父母小孩雙方的權力基礎較為接近，這時候容易培養出較有自己想法的個性。

但權力不對等，對於情緒勒索有什麼關係呢？

正因為權力不對等，所以身為權力較大的一方，就可以有機會透過各種資源條件，作為情緒勒索的本錢，也就是如果你不怎麼做，我就剝奪你現有的資源，用這樣的方式讓你屈服。

最經典的對話就是：「如果你不聽我的話，我就把你丟掉！」

基於生存的壓力，小孩選擇屈從，但他真的認為這是對的嗎？當然不！

難道是我不夠好？

在不對等的權力關係當中，如果遇到不斷使用情緒勒索的父母，更會加深子女的退縮個性，也會更沒有自信。

我有一個朋友，他從小品學兼優，不但上了第一志願的高中，也是醫學相關科系畢業，這樣的人應該是大部分人認為有自信的典範吧！然而，他卻總是認為自己不夠好，能力遠遠不足，呈現退縮的狀態。

是什麼樣的情況讓一個這麼優秀的人覺得自己「不夠好」？

後來透過心理探索，才發現到小時候的他並未受到長輩疼愛，反而把關愛的眼神都放在弟弟身上。

有一次，弟弟故意把凳子踢倒，誣賴是他踢倒的，後來他就被奶奶痛罵了一頓，經過幾次之後，讓他的個性變得退縮，原本活潑的他，開始越來越安靜；當然，也就越來越沒有自信！

就如同我們在上一章說的最後一種個性：極度缺乏自信。後來也就容易成為被情緒勒索的對象。

當他發現到這件事情之後，就開始調整自己的狀態，找出更多的優點，然後學習多稱讚自己，才慢慢建立自信。事實上，在不對等的權力關係中，除了會沒自信外，還有可能產生「想要息事寧人」「害怕別人生氣」「需要別人認同」等個性。

學習自我肯定，增加自信

面對不對等的權力關係所產生的狀況，我們又該如何是好呢？

在小的時候，當然只能想辦法度過權力不對等的情況。但如果長大了，就要意識到：我已經長大了！不再是那個沒有能力安排自己生活的人，我要開始為自己負責。

面對不對等權力關係，你必須反抗；反抗，才能讓自己勇敢！

反抗，並不是故意製造衝突，而是懂得堅持站在平等的位置上。

當兩方站在平等的位置上，我們才有機會理性地溝通對話；如果能夠理性溝通，就能夠避免許多的情緒勒索。如果，你曾經感覺到沒自信，或是需要別人肯定、害怕衝突，那麼你需要的是更多勇氣，而勇氣來自於你的自我肯定。

POINT

面對情緒勒索的第四個關鍵：成為一個勇敢的人！

05 正念能量的心靈練習——正念呼吸減壓練習

正念，不等於正向思考。

正念是一種覺察，發現當下此刻的狀態，因為這是狀態，所以沒有批判、沒有對錯，更沒有評價。

當你常常處於這樣的狀態，就不會老是批判自己，也就更能夠從情緒勒索中脫身。

*練習

❶每天空出五～十分鐘的時間。

❷把你的知覺帶到呼吸上，去感覺吸氣時的冷空氣、呼氣時的熱空氣。然後慢慢地把覺知帶到身體的每一個部位。

❸你可以感受到身體哪裡僵硬了、哪裡卡卡的，感受到身體壓在座位上的

重量，可以感受到腳踏在地板上的接觸感。

❹感受到所有的專注回到自己身上，釋放掉外在所給的壓力。感覺壓力隨著呼吸，離開了自己的身體，被大地之母所淨化。

凝視善意——關係和解的開始

很多人面對情緒勒索，都會覺得對方到底是不是我的親人，為什麼要這樣勒索我？

就像是之前故事當中提到的元謙、晴美、昀臻、宇佑等人，在那個當下，一定覺得委屈，覺得自己是不是有問題，是不是不被愛了，所以父母才無止盡地透過情緒綁架完成他們想要的結果。

但我得跟你說：「不是的！他們真的不是故意的！」

有可能是與生俱來的個性，也很有可能被世俗所教導的結果，甚至他們可能就是被情緒勒索到大的人，在無形當中認為這樣的方法有效、好用，所以持續使用這種方式對待下一代。

你說他們是故意的嗎？或許他們也只是被情緒綁架的可憐人。不過，在他們勒索的背後，一定有股善意。那是發自內心的「為你好」，他們真的認為你需要這樣做，才能更好。

就像是晴美，媽媽一定是真心認為「嫁一個好歸宿」，人生就會幸福，才會千方百計地要晴美去相親。

以元謙來說，爸爸希望元謙的未來能夠幸福，所以依照過去的公式，套到元謙身上，希望他因此得到幸福。這樣的出發點和善意是不能夠被磨滅的！

難道因為這樣的善意，我們就得不斷地被勒索嗎？

當然不是！而是我們必須要凝視對方的善意，然後爭取其他做法。

以晴美來說，當她面對這樣的壓力，或許可以對媽媽說：「媽！我知道妳很擔心我，對吧？我知道妳是為了我好，怕我以後孤單寂寞，沒有人在身邊陪我，哪天你們離開了，就會剩下我孤單一人。我可以知道妳心裡的著急。」

這時候，媽媽會知道：我有注意到妳的感覺，我確實知道妳是為了我好！

「但是，婚姻並不是幸福的保證。我相信我們身邊有很多人結婚很幸福，但也有人並不快樂！所以，我就是希望能夠幸福快樂，才會對於婚姻更加審慎！我相信妳也希望我快樂，對吧？總之，我會想辦法讓自己幸福的，妳也好好安心。」聽到這段話，我相信媽媽也不會這麼激烈地勒索，或許還是會碎碎念，但妳就當作是長輩的關懷方式吧！

所以，面對情緒勒索，我們要做的事情，並不是跟對方大吵大鬧，也不是丟一本情緒勒索的書，告訴他：你這是在勒索我！更不是用激烈的方式對待彼此，傷害兩者的關係。

你要凝視他的善意，找到他真正擔心的點，那就是他的罩門所在，針對那個善意，釋放出更多的同理，表達出明白對方的心思，同時修改達成的方法，一起討論出新的做法，這樣才能夠真正讓自己逐步脫離情緒勒索的狀態。

有時候，面對自己長輩的無理要求，需要更多時間的溝通。你甚至需要教育他們，不斷地灌輸他們新的思維，才能逐步改變過去的相處模式，降低情緒勒索的次數，讓彼此的關係更加純然，回到真正的「愛」上！

06 正念能量的心靈練習——學習用愛的視角或更高的意識看待

當你站在善意的角度，可以看到一切醜陋行為的後面，其實都有著崇高的善意，這就是愛的角度。

所以當你可以凝視善意，看穿對方真正所想望的一切，就能夠更客觀地面對情緒勒索。

＊練習

❶想像前面有四個圈圈，分別代表不同的角色：你、我、他與神。

❷站到「我」的圈圈面前，感受到事件當下你所承受的情緒及你所想的事情，然後記錄下來。

❸站到「你」的位置，也就是對方的位置，去感受一下對方的想法，他是不是充滿著惶恐與不安？還是感覺到自己有點失控？

❹站到「他」的角度，去觀察「你」跟「我」發生的事情，用客觀的角度來思考事情。

❺接著，站到「神」的位置去看待這件事情，如果你現在就是全能的神，你會怎樣從愛的角度出發，去處理這樣的問題？

❻最後，回到「我」的位置，看看你對於事情是否有不同的想法？是不是更清楚知道自己該怎麼做？

心靈筆記

心靈筆記

Chapter 2

我會這樣都是因為你們！

除了父母會情緒勒索小孩，其實小孩也會情緒勒索父母。

如同許多的社會新聞一樣，有些小孩因為父母的溺愛，最後成為伸手牌，如果父母沒有給他想要的一切，就會開始情緒勒索父母，讓他們屈服！

這也是一種嚴重的情緒勒索。

我是你唯一的小孩——予取予求只會帶來無止境的妥協

看著一張張討債的信件，從十萬到一百萬不等，讓彥富的憤怒到了最高點，他看著自己的薪資帳戶，一個月六萬多的薪水，如果要把這些錢還清的話，最少有一半得幫兒子去還債，但他自己還要繳納房貸、生活費等等。

沒多久，就看著彥富的獨生子進門，喝得醉醺醺地、搖頭晃腦地走到彥富面前，對著彥富說：「爸！我要三千元生活費！」

彥富一聽就很不開心，於是就數落兒子：「你都已經大學畢業兩年了，怎麼還不去找工作，反而在外面欠了這麼多錢？」

彥富拿了三、四張討債的信件，丟在兒子面前。

「唉呦！爸！」兒子斷斷續續地說著：「你……你又不是沒……沒有錢！

我……知道，我知道你的郵局帳戶……還有……還有兩、三百萬啊！」

「那是我跟你媽的養老金啊！」彥富大吼地說。

「哼！」兒子沒好氣地說：「我是你們的獨生子，這些……這些錢到最後……還不是要給我？我只不過是……先拿遺產而已啊！」

這段話讓彥富更加怒不可遏，就直接打了他一巴掌，兒子一氣之下，也不管自己喝得醉醺醺，立刻就奪門而出，然後直接從三樓摔到了二樓半，痛得開始呻吟大叫。

彥富心疼不已，於是急忙走到兒子旁邊，說：「沒事！我送你到醫院去。」

「那我欠的錢呢？」兒子仍記著他的債務。

慌亂中的彥富對著兒子說：「爸爸來想辦法！」

最後，彥富還是幫兒子解決了這些事情，沒辦法，因為那是他的獨子啊！

溺愛的父母，往往容易被情緒勒索

有時候在賣場，常常會聽見小孩跟父母要求買東西，有些小孩聽到父母說不可以，就鼻子摸著生悶氣，但也有小孩開始吵鬧，弄到爸媽受不了之後，只好買給小孩。

如果情況持續下去，就會發現到這樣的爸媽很容易被小孩勒索，為了要安撫小孩，不讓小孩吵鬧，每次都滿足小孩當下的欲望，當小孩年紀漸長，就會開始吵鬧要更多的東西，原本是小玩具、食物，到後來可能就是智慧型手機、電腦、大型螢幕，甚至亂花錢要父母買單。

不知道讀者有沒有發現，小孩子要玩具、要糖吃時，透過大吵、大哭、大鬧等模式，就是正在對父母進行變相的勒索，藉由你不想要丟臉、不想要讓小孩出醜的心理，來達到自己的目的，這也是一種情緒勒索，而我們常常被這樣勒索而不自知！

這樣的妥協，還有另外一種狀況，就是溺愛；溺愛小孩的父母，最常見的就是虧欠彌補的心理。

物質不是親情的替代品

曾經聽過一則案例，有個小孩從小就用好的、吃好的，鞋子要穿知名品牌，衣服也要穿有品牌的，冰淇淋要吃外國牌子，彷彿是有錢人家的小孩，後來才發現，原來他出身單親，所有的開銷都是媽媽辛辛苦苦打零工、洗碗洗衣服賺來的。

媽媽覺得自己沒有給小孩一個完整的家庭、沒有時間好好陪伴小孩，認為自己虧欠小孩太多，所以就用金錢來彌補。等到小孩出社會之後，發現錢不好賺，就回家給媽媽養，還要媽媽借錢讓他創業，當然最後也是血本無歸。

另外一種狀況，就是年輕的時候只專注在事業上，忽略了對小孩的關心，對於小孩的需索沒有限制，到最後成了溺愛，如果爸媽沒有適時地給他想要的一切，孩子就會開始吵鬧，甚至要脅父母，一心要從長輩身上弄到錢！

想要處理好這樣的狀況，父母必須要認知到：不能讓小孩予取予求。這時候得從小就做好基礎工作，必須正視小孩的需求，像是關心、愛與支持，而不是用物質充當感情的代替品。

如果小孩透過吵鬧想獲得物品的時候，必須要無視小孩的吵鬧，理智地跟小孩對話，否則一旦妥協了第一次，接下來就會有第二次、第三次，最終就成了惡性循環。

因此想要處理好親子之間的情緒勒索，必須要在子女還小的時候，就認知到相處的模式。但如果是現在才發現到過去做錯了，應該要怎麼辦呢？

07 正念能量的心靈練習——重建快樂心（新）的畫面

有些人在面對家庭問題時，常常會有不好的負面陰影，最後為了逃避這樣的狀況，乾脆不面對；但逃避無法解決問題，只有好好面對才有可能讓事情真正過去。

要如何建立新的「心」畫面，讓自己開心快樂地面對一切，就是一件很重要的事情。

＊練習

❶在心中挑一個過去讓你很快樂的事件。

❷重新回想這件事情，包括人、事、時、地、物與當下的感覺，都要完整地複製，在腦海中重新演過一遍。

❸在你感覺到開心的時候，把左手的食指壓在大拇指上，直到快樂的感

覺逐漸消失才放開。（※小提醒：不一定要這個動作，可以換成任何你想到的動作。）

❹試試看當你把左手的食指壓在大拇指上的時候，是不是會出現快樂的感覺，如果有出現就代表重建快樂心畫面成功了。

❺如果沒有出現快樂的感覺，可以重新操作。

POINT

找到快樂，比逃避更有用。

因為你們沒有給我好的教育——如何看待對子女的虧欠

就如同我們之前說的，容易被情緒勒索的人，往往具有一些心理特質，像是自卑感、沒有自信、有虧欠感、罪惡感、想要息事寧人等，但這樣的心理素質，並不是一朝一夕養成，而是長久累積的結果。如果現在已是既成事實，我們又該如何面對呢？

月萍小的時候家境並不好，因為爸媽是做小吃生意，所以常常需要她幫忙，下課之後就要在攤位上忙進忙出，等到收攤之後就已經累了，無法好好複習功課，當然成績也就沒有那麼好看。

坐在她旁邊的鈴羽，爸媽都是老師，父母向來重視小孩的教育，下課之後就讓鈴羽去學習才藝、去補習班，所以鈴羽常常是班上的前三名。

考高中的時候，月萍的成績無法上公立高中，只念了一間夜間部高中，早上還要打工賺零用錢，大學也只是考上了夜間部，畢業之後就進入一間小公司當會計。而鈴羽從師大附中畢業後，考上台大財經系，甚至遠赴外國留學，取得了知名大學的碩士學位，現在擔任某外商公司的財務主管。

某次的同學會上，月萍見到了鈴羽，看到她的耀眼成就，心中不免感覺到非常不公平。

「為什麼我沒有這樣的機會，都是因為爸媽的關係，我才會這樣！」回到家之後，月萍越想越不甘心，莫名其妙地對爸媽怒吼了一頓，認為都是爸媽的關係，所以自己沒有好好地受教育，出路才會受限。自從那次之後，只要是工作上有任何不順遂，月萍就會開始責怪父母，認為都是他們害自己沒有好的工作、好的生活，所以他們要負起所有責任！

這時候，爸媽已經攢下了一些積蓄，便用錢來讓月萍消氣，而這招的確很管用，每次只要給錢，月萍就不會繼續發飆。「但這樣真的對嗎？」

生命的旅程，沒有好壞！

在人生的路上，並不是每個人的資源都一樣，所以不是每一個都有好的教育。但沒有好的教育環境，並不代表你一定沒有好的成就、好的結果。以沈芯菱來說，她家境並不好，家人是貧窮的攤販，但是她從十一歲開始投身公益，十七年來就支出了超過八百萬的金額，也是清華大學畢業、台灣大學碩士畢業，她沒有因為貧困而認為自己「不可能」，也不放棄自己。

一個人的生命歷程，是屬於自己的獨特經驗。這世界上沒有一個人和另外一個人有一模一樣的經歷，所有的經驗，都是上天獨特的禮物。所以，不需要去把自己的人生跟別人做比較，更不需要因此而責怪父母。

但如果是爸媽遇到了這樣的狀況，應該要怎麼處理呢？首先，需要避免讓子女予取予求，先中止這樣的不好習慣，才能有機會建立新的結果。再來就是好好跟子女談談，他真正想要做什麼事情，而這樣的事情應該要怎麼樣做，才能真正幫助到他，而不是被子女的情緒帶著跑。

那麼，該如何真正做好溝通呢？這時候可以理智地跟小孩分析，問問對方自己有什麼樣的優勢、劣勢？他面臨什麼樣的威脅？而又有哪些機會在等著他？也就是透過商業管理的ＳＷＯＴ分析，幫助他理解自己，才能有機會找到出路。等到小孩真的知道自己想要做什麼之後，就可以分析他有哪些能力需要補足，然後我們現階段可以透過哪些資源，來幫助小孩取得這些能力，這樣才能真正幫助到他們；光是給錢是無法真正解決問題的！

最後，你要告訴小孩：沒有資源，只是生命的上半場；如何開創自己的資源、如何拓展自己生命的寬度，則是人生下半場的課題；雖然上半場並不精采，但可以透過自己的努力，讓生命重新開始，讓下半場可以反敗為勝，成為自己生命中的贏家！

08 正念能量的心靈練習——擁有豐富資源的冥想法

我們如何看待這個世界，就決定了這個世界如何被運用。這世界的資源其實取決於你如何看待它。如果你認為這世界有的是資源，那麼慢慢地資源就會不斷出現，你也會越來越有自信可以找到資源。

所以，相信這世界是富足、不虞匱乏就很重要，因此需要練習「擁有豐富資源的冥想法」。

＊練習

❶找一個你覺得舒適的地方，然後安靜地坐下來。

❷把自己的呼吸調整均勻，讓自己越來越放鬆。

❸想像你身處在一個資源豐富的世界當中，當你要什麼東西出現，這東西就會出現。

❹想像所有的資源是一道光，這道光就從天而降，灌入到你的身體當中。

❺然後對自己說：我活在一個資源充足的世界，當我需要資源的時候，資源就會出現。

POINT

心靈的富足，會讓你找到生活的富足。

這不是我想要的人生——學習責任是有限度的

承儀從小就是乖乖牌，一路依照父母的期望，考上了建中、台大，是父母心中的驕傲，出社會之後，在父母的安排下，進入了親戚的公司上班，工作幾年之後，承儀突然覺得自己總是被人安排，這不是他想要的人生，所以萌生創業的想法，但他手上根本沒有什麼存款，就把腦筋動到爸媽的身上。

某天晚上，他回到家，就對媽媽說：「媽！我覺得一直幫人家上班也不是辦法耶！」

媽媽好奇地問：「怎麼說？」

「我覺得人生應該要冒險一下，所以我想要自己創業！」承儀豪氣地說。

「但是你沒有創業過，這樣好嗎？」媽媽擔心地說著：「你在姑丈的公司上班，都已經做到經理了，為什麼突然說要創業？」

「所以，媽媽妳是反對我創業、追求自己的人生嘍？」

「媽媽不是那個意思！」

「算了！反正你們就是這樣看不起我，我乾脆不要回來好了！」承儀拍了一下桌子，準備轉身離開。

「等一下！」媽媽無奈地說：「你要多少？」

「不多，三百萬就能開一間茶飲店了！」

「什麼！三百萬！」媽媽對他說：「我們找你爸商量一下好嗎？」

「好啊！」

兩人來到父親的書房後，承儀就對爸爸說明了自己的想法，爸爸一聽，極力反對承儀的想法。

「承儀啊！你沒有創業過，不知道創業的辛苦啊！」爸爸苦口婆心地說。

「你們也沒有啊！為什麼會知道創業很辛苦？」

「我們一路上看你姑丈是用性命在打拚，才有今天的一番成就啊！所以我們很清楚。」媽媽說。

「所以你們這是不相信我可以好好打拚？」承儀挑釁地問著。

「這……」爸爸為之語塞。

「反正你們就是不相信我啦！」承儀故技重施，準備轉身離開。

一看到承儀要離開，爸爸只好說：「好吧！你需要多少？」

「我需要三百萬的加盟金！」承儀興奮地說，他知道目的快要達成了！

「但我們家只有兩百萬的存款。」爸爸無奈地說著。

「那就讓媽媽去解除勞保，就有一百萬的現金啦！」

聽到承儀這樣說，媽媽不禁有點心碎，那是她未來的退休金啊！看到媽媽憂心的表情，承儀知道媽媽的想法，就對媽媽說：「反正我一定會賺錢啊！我賺到錢馬上就還妳啊！不要擔心啦！」

就這樣，承儀從爸媽身上拿了三百萬開始創業。

過度保護讓孩子失去負責的能力

不知道讀者對於養小孩的觀念是什麼，是不是認為要盡全力給小孩最好的，這樣才是好的爸媽？對於父母來說，這應該是理所當然的事情，但這真的是最好的結果嗎？那可就不一定了！

我曾經聽過一些有趣的案例，父母從小到大都想要給子女最好的一切，上最好的學校、請最好的老師，就是為了不讓小孩輸在起跑點，更重要的是：他們覺得這是為人父母的責任。直到小孩出了社會，他們還是一直關心小孩的工作狀況，認為他們工作狀況不好，就會想辦法問別人有沒有更好的工作機會，希望能安排小孩的一切，對他們來說，這就是身為父母的責任。

結果，小孩卻因此而沉淪了。

子女不需要擔心，因為爸媽都安排好了；

他們不用思考，因為爸媽都想好了；

他們不需要煩惱，因為爸媽都會打點好一切。

如果他們還是不順心，那又是誰的責任呢？

當然就是爸媽了！所以他們最後會回過頭來勒索父母。

別在慌亂中做決定！

還記得在第一章的時候提到一個很重要的觀念，就是當情緒勒索發生時，一定要懂得辨識。如果你確定這是情緒勒索，千萬要趕緊離開風暴中心。

同樣地，當你陷入風暴的時候，情緒波動一定很大，彼此都處在劍拔弩張的狀況下，往往就會選擇「要」或「不要」，「Yes」或「No」，但這樣的二分法絕對不是最好的解答，但處於風暴中心的你，已經無法辨識這到底是不是最好的結果，甚至往往會做出錯誤的決定。所以，當你進入被情緒勒索的狀態時，絕對不要做決定！

那麼，該在什麼時候做決定呢？

當你退出情緒風暴中心，經過深思熟慮與分析目前的情況之後，通常就會看到更多新的路，這時候才開始跟當事人溝通對話，然後再做決定！以剛剛承儀的例子來說，承儀一直認為他要創業，才能走出自己的人生。這樣的想法對嗎？當然不完全對！

首先，走出自己的人生，一定要創業嗎？不一定吧！就算是創業是小孩的重要夢想，那麼就要問小孩：「你真的了解你要進入的產業嗎？」

以承儀來說，他想要做飲料店，那麼他有做飲料店的經驗嗎？是不要先去飲料店工作個半年，再來決定要不要進入呢？因為有太多人創業只想要當「現成的老闆」，卻沒有實務經驗，最後就落得負債累累。

透過這樣的案例分析，我們可以清楚看到，這時候父母需要做的事情，不應該是成為子女情緒的肉票，而是去幫子女分析目前的狀況，然後給予支持的最佳後援，這才是對小孩最好的結果！

09 正念能量的心靈練習——請求給予正確指引的冥想

我們每天都在做決定。從早餐要吃什麼、中餐要吃什麼、等一下要喝什麼、要開哪條路比較近……這些小事，到公司要選擇哪些供應商、要如何進行行銷策略，我要不要跟這個人結婚、我要不要生小孩……等大事，都是做決定的過程。

每一次的決定，都會左右我們的未來，所以需要更多的靈感來協助我們。

＊練習

❶找一個你覺得舒適的地方，然後安靜地坐下來。
❷把自己的呼吸調整均勻，讓自己越來越放鬆。
❸想像你身處在一個資源豐富的世界當中。

❹想像有一個人出現在你的面前，他無所不知、無所不曉，可以協助你做出最好的決定。

❺然後想像他所建議的每一個方法，都是最適合你的決定。

❻告訴自己：我遵從最高意志的指引，做出了這樣的決定，無怨無悔。

POINT

下決定的時候，不要急躁，試著傾聽心靈內在的聲音。

是愛還是傷害——媽寶的養成我們都推了一把

有時候，在小孩的成長過程中，爸媽會因為沒有陪伴在側，最後就用物質來代替。但這樣的虧欠補償未必都發生在小時候，也有可能發生在長大之後。

承儀拿到了三百萬之後，開始準備加盟創業，在自家附近找了一間店面，接受了加盟總公司的簡單訓練，就正式營業。剛開始，因為是自己的店面，承儀非常認真工作，但是做飲料店根本沒有周休二日、沒有朝九晚五，所以漸漸地，承儀覺得非常辛苦，於是他又來找媽媽了。

「媽！」承儀對媽媽說：「妳可以來店裡幫忙我嗎？」

「什麼！」媽媽說：「但我還有工作耶！」

「那就把工作辭了啊！」承儀對媽撒嬌，「我會算妳工資啊！」

「但我一個月有四萬耶……」媽媽有點不太高興地說：「你能給我四萬嗎？而且飲料店要站一整天，你媽我年紀大了，真的做不來！」

「你就是不願意幫我，反正我在你們眼中就是不會創業的人！」承儀有點生氣地說。

「好！好！別生氣！」媽媽無奈地說：「你需要媽媽幫忙多久？」

「當然是等我的店上軌道啊！」承儀理所當然地說著。

於是媽媽遞上了辭呈，被主管慰留了，但媽媽很堅持一定要離職，所以主管決定先讓她留職停薪。

當媽媽開始在飲料店上班之後，店內的大小事情都是媽媽在處理，根本不需要承儀操心，承儀覺得自己開始像個老闆，可以過上老闆的生活了！於是常常睡過頭就不來上班，要不就是跟朋友出去玩，起初三天兩頭告假，之後就根本不來，都是媽媽幫他扛起一家店。

偶爾，媽媽在夜深人靜的時候都會想：自己是不是太溺愛承儀了？所以才會讓他一直予取予求？

停止予取予求，才能終結惡性勒索

所謂的勒索，就是發現綁架了某些事、某些人，對方就會支付贖金、支付時間甚至是支付勞動、支付任何事物。所以要中止勒索的重要步驟，就是要中止這樣的行為一再出現。

為什麼承儀敢一再勒索媽媽？因為他很清楚知道：媽媽就是他最容易勒索的對象，所以不勒索她要勒索誰？當媽媽一再妥協，承儀就知道，那樣的勒索有用，有用的事情重複做，通常都能收到同樣的效果。

想要中止這樣的狀況，唯有你先喊「停」。

說穿了，對方怎樣勒索，你就怎樣執行，那其實是一種逃避。你害怕拒絕對方，對方就會不理你、對方就會跟你斷絕來往、就會不願意跟你繼續這樣的關係，因為你們的肉票就是「關係」。

但是，這樣被勒索下去，關係就會好嗎？當然不會！那只是一種表面的和諧，只是自我欺騙的結果，用妥協來換取的短暫和平，無非是一種表象，是自欺欺人的產物！所以，你必須要正視事情的核心！

已故的聖嚴法師曾經提出面對事情的十二字訣：

「面對它、接受它、處理它、放下它！」

所以當自己被情緒勒索時，一定要懂得面對它，不是妥協、不是被迫接受，而是赤裸裸地面對一件事情：對方把「關係」當成肉票在勒索我，但我不能被勒索！然後你就要接受：對方之所以敢把「關係」當成肉票，就是因為你在乎，必須要接受你在乎的事實，同樣也必須要接受對方可能不在乎的事實，因為不在乎，才會拿來當「肉票」。

接著，你就得運用自己的智慧來處理它，最後才是放下它。而要怎麼處理並放下，這就因人而異了，但有幾個原則必須要注意：

保持冷靜

在情緒勒索的當下，如果雙方都陷入了情緒狀態，那就沒有對話的可能，應該要在冷靜的情況下，好好地進行對話，這樣才能擁有好的溝通品質。

尋求雙贏

當進入勒索狀態，通常是一方贏、一方輸。但沒有任何一件事情，是無法好好討論、好好尋求雙贏結果的！任何事情都有雙贏的解答，只有經過冷靜的分析才能做到。

保全關係

我們之所以陷入情緒勒索，是因為我們在乎這段關係，所以一定要在關係健全的前提下，才能真正處理好事情。

最後，放下這段情緒勒索。很多人會在很久之後，在當事人面前提到被勒索當時的狀況，但這樣對於綁架的人，很容易變成一種揶揄；所以事情過了，就要放下，才不會損害彼此的關係！

10 正念能量的心靈練習——療癒過去的創傷

有時候，我們會被同樣的情緒所牽引，是因為昔日曾受過這樣的傷害，卻沒有好好地被對待、被療癒，所以就算傷口結痂，裡面的傷口卻仍在淌血。唯有把結痂的地方撕開，好好地上藥，讓傷口可以完全恢復，才能夠讓過去的創傷止血，讓過去的記憶不再影響未來。

＊練習

❶ 找一個你覺得舒適的地方，然後安靜地坐下來、閉上眼睛。

❷ 調整自己的呼吸，讓自己越來越放鬆。

❸ 從最容易引動你的情緒當中，去找出過去有哪些類似的情況。像是「我之所以感覺到悲傷，是因為我曾經目睹好朋友在我面前離開這個世界。傷口不曾療癒，結果讓傷口持續影響我後面的人生」。

❹當你找到情緒最強烈的事件時，去想像有一道治療的光從天空流瀉下來，包圍了你的全身上下，不斷地把過去的情緒給帶走，讓你的情緒傷口逐漸恢復。

❺告訴自己：我可以療癒所有的不好情緒，讓自己越來越好！

我虧欠他太多了——物質不是愛的替代品

耀雄是一個單親爸爸，他獨力撫養兩個小孩，雖然自己開公司賺了很多錢，但也因此忽略了對小孩的關心，只想著用物質、金錢來滿足小孩。他最常說的話就是：「我虧欠小孩太多了，所以我要好好彌補他們。」也因為這樣，讓小孩花錢不知道節制，才上大學就有賓士車代步，出入都是好的餐廳、飯店。

最近耀雄的公司遇到危機，營業額開始停滯，原物料成本越來越高，讓耀雄收益不如以往，首當其衝的就是小孩的費用，沒想到引來了家庭大戰。

某天晚上，他把兩個小孩找來，對他們說：「那個，有一件事情要跟你們商量一下。」

「什麼事？」小兒子吊兒郎當地問著。

「最近爸爸的公司有點問題，利潤越來越低了，所以原本你們的零用錢要少一半。」耀雄對兩個小孩說。

「什麼！」大兒子馬上發難：「這樣一個月少四萬耶！我們怎麼夠花？」

「對啊！」小兒子接著說：「這當初你說好的，現在說話不算話？」

「但就算只剩下四萬，對大學生來說也是很夠用了啊！」耀雄有點不高興地對兩個小孩說：「我的員工也才領五、六萬元，是我給你們太多了！」

「但我們是你的小孩耶！」大兒子不悅地說：「怎麼拿我們跟你的員工比！」

大兒子剛說完，小兒子馬上說：「你不是說那些錢是補償我們嗎？你說要補償沒有好好陪我們長大的損失，現在又說話不算話！」

最後，大兒子跟耀雄說：「如果你不給我們錢，那我就到你的公司亂！」

聽到這些話，耀雄突然間像是洩了氣的皮球一樣，看著兩個小孩，不知道該說什麼才好，到底這樣補償他們，對還是不對？他也沒有答案。

愛才是對孩子最好的補償

有一些父母，因為在小孩成長的期間，並沒有在身邊好好陪伴他們，所以認為可以用物質、金錢來代替愛，但卻不知道：物質的富足並不能滿足精神的匱乏，只是一味地用物質滿足子女，養大了物質欲望，卻餵不飽小孩飢餓的靈魂。

如果過去都是用這樣的方式在對待小孩，一旦讓小孩養成了不好的習慣，自然就很難短時間恢復到原來的狀況，但不能因為沒有辦法短時間達到，就放著讓小孩一直勒索父母，這並不是一個好的解決方法。

那麼，父母應該怎麼做呢？當然是用愛來填滿啊！

想想看，自己有多久沒跟小孩好好吃過一頓飯？有多久沒跟小孩一起旅行？有多久沒跟他們一起DIY？如果你沒有想要好好地付出愛，那麼小孩跟父母要錢就會認為是理所當然，因為他們犧牲了被愛的時間，所以只好拿現金折抵！如果，父母真的覺得虧欠小朋友太多，應該要做的事情，並不是給予更多的金錢，而是給予更多的愛！

以知名男性演員為例，這位男星以疼小孩出名，而且一直以來都秉持著暑假不接戲，因為他要把時間留給小孩。但他也不是一開始就有這樣的想法。在女兒兩歲之前，他都一直在拍戲。女兒兩歲前後，這個男星因為身體出了一點問題，選擇暫時把工作停下來。才發現到女兒不理他，兩個禮拜之後，才開始接近他，跟著他跑來跑去。他還自嘲有一次哭著去找太太，只因為女兒不理他。

當時太太回答他：「小孩就是這樣，你陪她的時間越多，她就會跟你相處了啦！」

對於小孩來說，愛就是時間，他們最需要的愛，就是父母的陪伴，而不是金錢的慰藉！所以對耀雄來說，他需要做的事情，並不是在金錢的數量上跟小孩糾結，而是應該要好好地坐下來，跟兩個兒子開始互動，讓彼此的關係不再只有「金錢利益」，也就是直接繞過了勒索，回到愛的本身。當愛被滿足之後，勒索自然就不容易發生！

11 正念能量的心靈練習——讓感情純粹

現代人因為科技工具的方便，常常都會用手機處理事情。有時候到了餐桌上，也還是手機滑不停，就算別人聊天聊得很愉快，也是一邊滑手機一邊聊，但這樣的交流其實很膚淺、很表面，尤其是在跟小孩相處的時候，特別需要注意這樣的狀況！

＊練習

❶當你跟別人相處對談的時候，把手機放下。
❷當你跟小孩相處的時候，把手機放下，多抱抱小孩、親親小孩。
❸多一點眼神的交流，不管是任何人都一樣，包括小孩。
❹專注在當下的情感交流，去感受那份關心與愛。

讓愛純粹——試著回到初心吧！

在親子關係當中，有著錯綜複雜的情感脈絡。正因為如此，所以往往就是情緒勒索最嚴重的狀況，但其實親子關係可以很純粹，如果我們回到愛的本身，那麼牽絆彼此的，就會是「愛」！

但是，我們太不會把愛表達出來，我們透過一層層的包裝，把愛小心翼翼地保護著，但卻因為包裝得太緊，反而讓愛無法被看見，只在表面上詮釋愛，所以愛成了金錢、時間、物質，最後把彼此的關係當成肉票，勒索彼此。但，這真的是我們想要的結果嗎？如果不是，那我們就試著讓愛純粹吧！就回到那最原本的初心，最重要的關心與關愛，回到最根本的親子關係，因為那才是真心相連的關係，不是嗎？

所以，面對情緒的勒索，也是提醒我們，是讓愛回歸純粹的時候了！

12 正念能量的心靈練習——愛的練習題

談到「愛」，每個人都有自己的一套定義。但是我們往往會忽略如何「愛人」，許多人會認為：我給了你物質生活，而這就是愛。但這並不是愛！所以，我們得學會如何愛人，才能夠體會愛的感覺。

＊練習

❶每天去感受一件這世界的「愛」。
❷清風吹拂著你的臉，這是上天的愛。
❸媽媽關心你的言語，那是母愛。
❹小孩關心你的身體，那是關愛。
❺每天運動自己的身體，那是給自己的愛。
❻所以每天去找出並感受這世界所給予的「愛」，讓自己更加深刻體會愛的真諦。

現在寫下你最近感受到的愛吧！

Chapter 3

新的人生選擇，還是受困於父母嗎？

第一章我們探討的，都在於父母勒索年輕子女的情境；第二章我們探討了子女勒索父母的情境。

這一章我們要探討的是：就算功成名就了，子女還是有可能深受父母的情緒勒索，而且這樣的情緒勒索更加赤裸裸、更加刀刀見血，到最後甚至讓親子關係徹底破裂！

如果你孝順我的話，你應該——被濫用的孝道

有時候，父母對子女的情緒勒索，不只是小時候的課業、長大的感情選擇上，有時候還有傳統道德價值觀的束縛。小孩長大之後，當長輩意識到無法用利益來牽制下一代了，就會訴諸傳統的價值觀，最常見的就是「孝道」。

余芳三歲的時候，爸爸因為有了外遇，選擇和媽媽離婚。媽媽與余芳兩個人相依為命，在媽媽的照顧之下，余芳一路以優異成績上了好的高中、大學，畢業之後進入金融產業，三十三歲時她就當上了襄理，同時也有了好的歸宿。在她沉醉於幸福當中時，一張存證信函讓她開始寢食難安。

三歲之後就沒有聯絡的父親，寄了一張存證信函，準備向法院提告，要余芳善盡撫養父親的責任。

這封信函簡直讓余芳崩潰，她對著那張紙怒吼：「憑什麼！憑什麼要我撫養他！他根本沒有照顧過我！」

為了這件事情，她見了三十多年沒見的父親，以及父親的親友，這才知道父親已經在一年前中風、半身癱瘓，生活起居都要別人幫忙，父親的外遇對象一看到他這樣，馬上就把所有財產都捲走，父親只好投奔自己的兄弟。但畢竟各自都有家庭，不可能一直照顧他，於是透過提告的方式，要余芳照顧親生父親。

了解了來龍去脈之後，她對著這些親戚大吼：「憑什麼！這個人在我三歲時，就因為一個女人跟我媽離婚，接下來對我們不聞不問，為什麼他出事之後，卻要我負責？」

「住口！」父親的哥哥對余芳說：「天下無不是的父母！這是該妳盡孝道的時候！」

「你才住口！」余芳對著伯父說：「他在我三歲的時候狠心丟下我，從那時就已經不是我的爸爸了！」

「妳……妳這個不孝女！」父親坐在輪椅上，用發抖的聲音說：「我……我到底……到底還是妳爸！」

余芳聽到「不孝女」三個字，彷彿像是三根針往她的心裡扎一樣，她氣到哭出來，半句話都說不出口，雙腿微微一軟。

幸好有丈夫在旁邊，撐住了幾乎站不住的余芳，並且冷冷地說：「孝順不是這樣濫用的！」然後扶著余芳轉身離開。

雖然，法院最終判了余芳勝訴，不需要撫養父親。但是午夜夢迴，那句「不孝女」仍迴盪在她的腦海中，也讓她自己覺得是不是因此「孝道有虧」？

被情緒勒索，受傷破碎的心

幾年以後，余芳開始接觸了新時代的心靈之旅，於是她選擇了這段過程作為起點，去探索那段無力的歲月在她身上烙下的傷疤。透過音樂的引導，余芳彷彿看見了那個三歲的自己、又看見了三十歲的自己，但不管是三歲還是三十歲，余芳的心中一直被「是不是我的錯」「我是不是很不孝」等話語圍繞，緊緊地將她綁在無法掙脫的牢籠中。

她開始大哭，因為她知道，被這些話禁錮的是她的心啊！

曾經，她在幼小的心中詛咒著父親。

曾經，她也在夢裡殺死過父親。

曾經，她想要折磨父親，但沒想到這些都成了自己的詛咒，成了自己的夢魘，也成了自己的折磨。

最後，她覺得自己被遺棄了，而她也遺棄了父親。為此她很自責，因為她腦海中仍記得爸爸用怨恨的眼神，對她說出：「不——孝——女！」

但她不是！她不是！她不是！

她感覺到心中的某些地方碎了！

就在這個時候，引導余芳的人問她說：「妳現在所想的，都是真的嗎？」

余芳點點頭，然後又搖搖頭。

對方又問：「既然不是真的，那麼如果這是愛，會做什麼？」

「如果這是愛，那會做什麼？」余芳喃喃地說：「如果這是愛，會做什麼？我真的不知道！」

「選擇原諒一切，包括原諒自己！」

「原諒自己？」

「是的，原諒自己吧！不應該為了恨而禁錮了自己，不應該為了傳統的束縛而困住了自己。妳要原諒自己、放過自己，為了美好的自己而生。」

幾天後，余芳去看了父親，爸爸一看到她就哭了。

他對余芳說：「這幾年來，我一直在想，我的人生到底做錯了什麼？原來我真的做錯了，我不應該拋下妳，不應該捨棄這個家！所以妳不養我也是情有可原。但，妳可以原諒爸爸嗎？」

孝順，不應該是勒索！

孝順，一直是華人世界最獨特的價值觀。父母花了一生的心血在子女身上，所以子女最後就必須要孝順父母。不孝的人，在華人世界中就是罪大惡極，所以才有俗話：「萬惡淫為首，百善孝為先。」

我們可以觀察到，華人是如何推崇孝順這件事情，古來有《孝經》、《二十四孝》等故事，連選任官員都把「孝順」當作審核的標準；到了現在，新聞媒體一直在找尋「孝子」、「孝親楷模」，不斷地強化這樣的價值觀。

這樣對嗎？沒有人知道。但因為這樣根深柢固的價值觀，讓許多父母藉此勒索小孩。

在傳統的觀念中，君君臣臣父父子子，這是不可亂的倫理序位，從小就被這種倫理所框架的華人，要如何面對「孝順」，就是一個極大的掙扎。因為這樣的掙扎，所以無法從束縛中走出，更無法真正面對親子感情。

父母對小孩的感情，小孩對父母的感情，可以說是人來到這個世界上最初始的關係與連結，所以面對這種感情，應該是要更加的純然。然而因為社會的價值觀，讓原本單純的關係變成了一種社會標準：如果小孩不奉養父母，就是不孝，這樣的人大逆不道。但這是真的嗎？

孝順，是美德，但不該是一種勒索。如果我們一味沉淪在形式上的孝順，認為子女就是有奉養父母的義務，基於社會上的價值壓力，不得不做出奉養父母的行為，這樣只是形式上的孝順。

真正的孝順，應該是出於對父母的關心與感恩，亦即是出於對於養育自己的人由衷的感謝。這樣的感情，取決於父母花多少心思在小孩身上，取決於父母對於子女的真心，才能換來的真情對待。

我們要重視的應該是父母是否對小孩付出了愛，孝順應該是種感情的交流，而不是社會上用來說嘴的價值觀。更重要的是：脫去了孝順的外衣，去除社會強勢價值觀的勒索，去除旁人強制的虛偽孝道，才能真正回到純然的關係上，回到親子間的感情上，這才是孝順真諦。

13 正念能量的心靈練習——我是我人生的導演

人生，其實就是一場戲。這場戲要如何繼續下去，端看導演要如何安排。而你，就是自己人生中的大導演。

＊練習

❶找一個安靜的地方坐下來。
❷重新回想一個被情緒勒索的狀況。
❸從原來的角色中跳出來，看著所有的劇情演出。
❹要看清楚：對方在演什麼、我在演什麼。
❺當你看清楚了之後，重新想像，如果要改動劇情，你會怎麼改。
❻然後重新跑過一次新劇情。

長大翅膀就硬了嗎——如何面對價值觀的衝突

有時候，會聽到老一輩的人說：「小孩子長大了，都不聽話了！」「我們管不動他們了！」「講都講不聽了，根本沒把我們放在眼裡！」甚至嚴重一點，還會跟下一代起衝突，演變成家庭爭吵的導火線。

宜霖生長在一個觀念傳統的家庭，他也一直是家中的乖乖牌，只要是爸媽說的話，他幾乎都會想辦法達到。幾年前他結婚，也有了小孩，當他有了自己的家庭後，才發現有些事情跟過去不太一樣，很多的觀念逐漸在轉換。

有一次，他在處理錢的事情時，跟爸媽的意見不同，爸爸就很生氣地對他說：「現在是怎樣，長大了是不是！翅膀硬了是不是！敢跟我頂嘴！」

媽媽很驚慌地要宜霖跟爸爸道歉，但宜霖覺得自己沒有錯，不需要跟爸爸道歉，兩人開始鬧得很僵，甚至有三個月都不跟爸媽聯絡。

後來，是宜霖的妹妹從中穿針引線，才讓宜霖跟爸媽重新有了新的溝通機會。事後，宜霖問妹妹怎麼讓兩個老人家低頭。

妹妹對他說：「你應該知道爸爸是銀行行員退休，所以他一直都認為自己很會處理金錢的事情。如果你跟他硬碰硬，只會讓他站不住腳，反而會讓他覺得你不聽他的話。」

妹妹這樣和爸爸說：「我知道爸是銀行行員，對金錢的管理很有一套，但是哥不是啊！會有不同的想法很正常。但是你也沒辦法一直管著哥的錢，到最後總是得要他自己管理，現在他有自己的想法很好啊！你就讓他自己處理看看，如果碰到問題他一定會來問你。現在跟他生氣，他不高興，你也不高興，整個家庭都不高興，這樣何苦呢？」

爸爸聽完之後，氣就消了一半，但還是表現出很不開心的樣子。

妹妹又對爸爸說：「爸！你是想要哥帶孫子回來看你，還是要一直生氣，然後都不能看到孫子？」

這時候爸爸說了：「去叫妳哥帶孫子回來看妳媽，不要因為跟我嘔氣而忘了媽媽。」

宜霖聽完之後笑了出來，「我真的沒有想過這麼輕易就能解決。」

「因為你們都在生氣啊！都覺得自己是對的。」妹妹說：「但事情其實沒有對錯，重點是你們想要什麼結果。像這樣不聯絡，當然不是爸爸想要的結果。所以我就強化他不想要的結果，讓他知道這樣不值得，自然就會選擇其他的道路。」

「其實你也一樣！」妹妹開始數落宜霖，「關閉溝通管道，並不是好方法，而是要抓住爸爸的心思，才能好好溝通啊！」

「抓住爸爸的心思？」

「哎呀！」妹妹嘆了一口氣，看著她這個笨哥哥說：「爸就是怕你賠錢啊！所以才阻止你，但後來證明你沒有賠錢，爸爸覺得很開心，但面子又掛不住，你們才會冷戰到現在。下次，記得跟爸爸說你知道他的好心，知道是為了他好，先認同他對你的好意，然後再討論做法，這樣才會有好結果。」

價值觀不同也能和諧相處

在生活當中，常常會碰到價值觀跟我們不同的人，有些人我們不需要理會，因為他們跟我們沒有關係，不需要長期相處，可以持續堅持己見而不妥協；如果碰上家人的價值觀不同，往往就是一場慘烈的戰役，彼此都不相讓，演變成不可收拾的結果，這並不是我們所樂見的情形。

然而，在家庭生活當中，往往就是這樣一些小事情，讓彼此開始爭論對錯，最後還拿出關係當成賭注，希望能分出勝負，卻忘了這樣的狀況，非但不能讓對方聽從我們，還有可能增加嫌隙。所以，想要真正做好這件事情，就需要先認同對方的好意，但我們可以有不同的做法。

舉例來說，雙方有不同的旅遊地點想去，為了選擇而爭吵的時候，請不妨想想：為什麼我們要一起出遊？不就是希望有美好而快樂的回憶嗎？如果在出發前就吵成一團，這樣是選擇旅遊的初衷嗎？透過這樣的想法，可以有效地把對方的專注力拉回焦點上，而不是落在紛爭上，自然就有機會化解雙方的歧見。

所以，當遇上衝突歧見的時候，請想想：
什麼是這件事情最大的利益點？
對方的好意是什麼？
認同他的好意與想法，然後再討論彼此的做法是否恰當，是不是有不周全的地方，才能有好的結果！

14 正念能量的心靈練習——對家人說出不敢說的話

有時候，我們有些話明明很想對家人說，但是又怕傷到對方，所以不敢說出心裡真正想要說的話，這時候該怎麼辦呢？你可以練習如何面對家人好好地說出心裡的話。

＊練習

❶找一個椅子，擺在你的前面。
❷然後想像你想要溝通的家人走過來，坐在那個椅子上。
❸對著他講出你想要講的話，不管是好的、壞的、咒罵的都好。
❹然後想像他站起來跟你擁抱，並且謝謝你的話，讓他可以認知到自己的問題。
❺最後這樣的畫面都轉化成一股能量，回到自己的心中，然後告訴自己：我可以說出想說的話。

家業、家產、還是家累——富二代的家庭困境

富二代，應該是人人稱羨的一個族群，他們有很多的錢、有很多的資源、有很多可以揮霍的空間，但真實的情況可能並不是如我們所想像。在台灣有很多的中小企業，而這些中小企業的實權還牢牢地掌握在創業者手上。這些第二代往往受限於父執輩的威嚴，無法真正走出自己的路，最後成為最容易被勒索的一群人。

大文的父親白手起家，從一間只有三人的機械廠開始，到現在公司已經有五百人的規模，在大陸、東南亞都有生意據點，雖然大文的父親已經七十多歲，但他凡事仍然親力親為。儘管大文掛著公司總經理頭銜，卻凡事都要稟告董事長，這讓大文非常不自在。

表面上，他是這間公司的總經理，出入獅子會、扶輪社，感覺很有地位。但實際上，他認為自己只是橡皮圖章，並沒有太多作用。公司的高階主管也都知道，所有的事情都會繞過他，直接請示董事長，這樣的行為，讓大文覺得自己是領乾薪的花瓶，心中非常不是滋味。

對大文來說，富二代就只是好聽的名字而已，雖然他不愁吃穿、不用擔心錢，但他卻像是在牢籠中的鳥，被父親飼養著。

有一次，大文洽談到不錯的合作案，他決定要跟父親爭取這次的機會，好讓自己能夠有發揮的舞台，沒想到這個合作案才剛提給父親，就馬上被打槍。

父親還對他說：「你能提什麼好案子？」

大文一怒之下和父親吵了起來，最後父親對大文說：「如果你不服氣，現在就給我離開公司，離開這個家，我會當沒有你這個兒子！」

大文忍無可忍，於是甩了門就離開公司，回家收拾一些東西，就準備要離家。大文媽媽看到他正在打包行李，一直勸大文留下來，跟他說爸爸只是說氣話，並沒有要趕他出門的意思。但這次大文很堅定，說什麼都不肯留下。

這時候媽媽用哀求的語氣對大文說：「算我求你了，你不要走，你是我的心肝寶貝，我捨不得你在外面受苦；如果你一定要走，那就幫我收屍吧！」

聽到媽媽這麼說，大文只好打消離開的念頭。但被父親羞辱的感覺仍在他心底盤旋，久久不能自已。

富二代，有好也有壞

身為富二代，其實有好處也有壞處。好處是擁有的資源比較多，壞處就是容易被綁手綁腳。尤其是遇上「偉大」的父親，特別容易出現這樣的狀況。在台灣有很多中小企業的第二代，就常常碰到這樣的問題，當爸爸太能幹了，就會壓迫小孩成長的空間，子女通常就會一直被壓抑。

在這樣的家庭環境，最容易出現強勢的情緒勒索，就像是大文的父親一樣；當然也可能出現像大文媽媽一樣，利用自己的悲情角色來向大文勒索。但不管是哪一種，無形中都壓抑了大文的成長空間。

在空間不斷被壓縮的結果，第二代的情緒通常也像處於壓力鍋中，為了釋放這樣的壓力，就會選擇很多荒謬的行為，像是花大錢、嗑藥等等，這些都不是好的狀態。

換個角度想，身為富二代，已經是老天爺給自己的祝福，該如何運用這樣的祝福，創造出更多的可能性，才是上天給予你的考驗。

現在有越來越多的第二代，能夠突破長輩所設下的框架，走出自己的路，闖出自己的一片天。或許身為富二代，在跟長輩拉扯的過程當中，會覺得非常無力，如果能好好坐下來跟父母溝通，自然有機會獲得諒解，也才會有好的結果。

15 正念能量的心靈練習——解開心中的枷鎖

小時候，父母的限制，或許在當時保護了我們，但在長大後可能反而是枷鎖。這時候必須從「心」開始，掙脫這樣的限制，才能勇往直前。

＊練習

❶找一個你覺得舒適的地方，然後安靜地坐下來。
❷把自己的呼吸調整均勻，讓自己越來越放鬆。
❸感受一下你覺得處處受到牽制的情況，那會是怎樣的場景。
❹想像有一道光從天而降，灌入到你的身體當中。
❺這時候你有能力掙脫所有的枷鎖。
❻對自己說：我不再受限於任何狀況，我是一個自由的人，可以完成我想完成的事情！

不結婚，就是不孝——溝通才能帶來改變

《孟子》中提到：「不孝有三，無後為大。」常被人解釋為：不結婚、不生小孩就是不孝的表現。先姑且不論這句話的意思是否真的這樣解釋，我們要回到問題的本質上：不結婚，真的就是不孝嗎？

銘坤是一個同志，從國中開始他就知道自己喜歡的是男生，但身在保守的家庭，他一直不敢跟父母開口。大學聯考後，他決定遠離家鄉、選擇了台北的學校，希望能有機會呼吸新鮮空氣。

在大學的時候，銘坤就交過兩、三個男友，也相處得很不錯；畢業之後，他就跟現任男友穩定交往了兩、三年。但在一年前，銘坤過年回家的時候，媽媽把銘坤拉到房間問他：「你什麼時候要把女朋友帶來給媽媽看？」

「還在拚事業啊！」銘坤希望轉移話題。

「哪有這種事情。」媽媽說：「以前的人說：成家、立業，當然是要先成家再立業。」

「再說啦！」

「什麼再說！」媽媽不悅地說：「我跟你說，不孝有三，無後為大。你要孝順我，就快點結婚生小孩。」

「那過幾年再看看吧！」銘坤說：「我現在工作很忙，應該暫時不會有時間照顧老婆小孩。」

「你這樣說就不對了。」媽媽苦口婆心地說：「我是為你好，希望以後你不要做老孤單。我跟你說，我約了相親，明天一定要留下來，不要想晚上跑回台北。」

當天晚上，媽媽就睡在他的房門外，隔天一早就被帶去相親。相親結束之後，銘坤終於受不了，打算要直接回台北。

當他跟媽媽提出這樣的狀況時，媽媽就對他說：「我不過就是要你快點娶妻生子，好傳宗接代，對祖先才有交代，我這樣有錯嗎？反正，你能快點結婚就快點結婚！」

最後銘坤屈服了，他選擇跟交往三年的男友分手，然後跟相親對象結婚。依照媽媽的願望：結婚、生小孩。

但銘坤知道，這些都是假象，全是為了滿足媽媽所做的妥協。

跟親人溝通，永遠是最大的挑戰！

在情緒勒索的過程當中，除了要先離開情緒風暴中心，除了要凝視對方的善意外，其實更重要的是溝通。要如何跟父母溝通，往往是面對父母情緒勒索最重要的一項技能。很多人往往就直接跟父母槓上，最後兩方都是輸家。

另外一些人，生怕自己惹得爸媽不高興，不敢明確拒絕父母的要求，所以處處隱忍，導致狀況百出。

以銘坤來說，他明明有交往數年的男友，明明可以勇於拒絕，但是因為怕性向被拿來做文章，所以不願意表明，只能迫於家庭和諧，依照父母所堅持的方向前進。

但這樣對雙方真的是好事嗎？如果銘坤為此結婚、生小孩，這真的是他要的人生嗎？他有考慮到男友的感受嗎？甚至，他有照顧好自己的心嗎？

其實，想要遠離情緒勒索，有兩個觀念很重要：

1 懂得觀察自己

觀察自己的心、觀察自己的內在狀態，思考看看：你的心是不是受委屈了？如果是，那就得要重新審視這個決定是否正確。

經過審慎評估之後，如果不是自己要的結果，就需要找父母好好聊聊。

2 跟父母的溝通，不能沒有練習與鋪陳

任何的技能都是熟能生巧，溝通也是。很多人在跟父母溝通前，都沒有先好好練習，等到事情發生了，他們也不知道如何溝通，就卡在那邊，最後換父母擊出殺球，這時候不是逃避，就是接受。

最好的溝通方式，就是把你要說的觀念，透過電視、影片、書本的方式，不斷地提醒他們，告訴他們世界不一樣了，所以很多觀念也會不同。

透過一層又一層、一次又一次的溝通，才能慢慢改變他們的想法，這種逼婚的狀況也就不容易發生了。

16 正念能量的心靈練習——轉換對方的想法

溝通的過程中，最常見的問題就是：對方很堅持他的想法，你也很堅持自己的想法，到最後兩人就把所有的情感往天平上扔，看誰會被誰勒索！通常這樣的結果就是兩敗俱傷，所以你需要的是轉變對方的想法。

＊練習

❶理解階段

先理解對方的意思。

舉例來說，你可以問對方：「你剛剛所說的事情，我可以理解成XXX，對嗎？」「就我的理解，你的意思是這樣對嗎？」透過釐清對方的想法，才能有應對的做法。

❷尊重階段

表達尊重與理解對方的想法。

像是你可以說：「經由你剛剛的解釋，我完全可以理解你的用心良苦，我知道你是為了我好。」

❸ 轉念階段

當你進入這個階段，就是要轉換對方的想法。不要想一步到位，而是要想可以先爭取哪些好一點的結果。

譬如你可以說：「我理解並尊重你這是為了我好，我也非常感謝。同時，如果可以的話，是不是能在對我好的情況下，來討論看看有沒有其他的做法？」

或是問對方：「如果可以換一個角度，你會怎麼想？」

一點一滴地轉換對方的想法，直到達陣為止！

以愛之名，禁錮親情——愛不是控制

法國大革命的時候，羅蘭夫人曾經在斷頭台前說出：「自由啊自由！多少罪惡假汝之名而行。」

同樣地，有很多的罪惡與控制，是用「愛」做包裝，看似愛對方，但實際上卻是以愛之名，試圖禁錮著對方。

榮獲五十四屆金馬獎最佳劇情片的《血觀音》，其中有一環就是描寫令人窒息的親情，令人無法呼吸的愛，而一切的根源都出自「我是為你好」！

在劇中，棠夫人幫女兒所做的一切，都是她自認為為了女兒好，所以她無情冷血地遙控了所有人，用金錢、親情、愛情等各種手段，就是為了要幫女兒鋪排最好的路。

沒想到最後，她的女兒也用「為她好」的方式，讓她飽受疾病的折磨。這樣，真的是愛嗎？或者這是假借愛的名義進行控制的手段呢？

其實這樣的狀況也很常見於生活周遭，父母都會認為自己小孩「需要」穿衣服、「需要」補習、「需要」學才藝，但這些到底是父母想要，還是小孩需要？這是出於父母的控制欲，還是真心的愛呢？

愛是什麼？控制又是什麼？對我來說，「愛」就是真心為了對方好，「控制」則是為了滿足自己的欲望；「愛」是站在對方的角度出發，「控制」則是站在我的角度出發。

那麼對於你來說，愛又是什麼？控制又是什麼？如果沒有不斷問自己這兩者的差異，那麼所做出來的事情，明明就是想要愛對方，但卻做出控制的事情；明明就是希望把對方擁入懷中，卻因為錯誤的方式，反而把對方推出去。

跳脫以愛為名的控制

另一方面，如果是被這樣對待，該怎麼做？許多人不是默默接受，就是選擇粗暴而直接地反抗。不管是怎樣的方式，最後都會造成關係上更加緊張，這並不是我們所樂見的結果。那麼，應該要怎麼做呢？

就像我們在第一章提到的：凝視善意，我們必須要先看到這些行為背後的善意，認同它，真正地了解對方內在想要表達的愛，同時也看到對方用著錯誤的方式來表達那樣的愛。這時候會站在更高的角度，用寬廣的視野來看待這件事情，進而發現到對方其實很愛你，但不知道怎麼樣愛你，所以用了自以為愛的控制，卻不小心把你推得更遠。

新加坡電影《小孩不笨2》當中，主角之一的成才，一直都認為爸爸只會打他、罵他，根本不疼愛他。後來，父親為了保護他而重度昏迷時，鄰居阿姨對成才說了一句話：「你爸爸太愛你了！可是，他太不會愛你！」

有時候父母對子女，或者是子女對父母，就是因為太愛了，所以忘了怎樣去愛，才是對方能夠接受的方式，於是用自己的方式來愛，卻把距離越拉越遠。

如果，可以看清楚背後的愛，直接給予那樣的愛、那樣的真心，一個大大的擁抱，一份訴諸真心的關懷，那麼一切可能就會不一樣！當我們真的想要跳脫以愛為名的控制，就得挖出在控制後頭，那個真心為你好的初衷，認同那樣的初衷，然後告訴對方：我們是不是有更好的方式，來處理這樣的事情？

或許光是這樣的認同，就有機會帶來不同的改變！

17 正念能量的心靈練習——釐清愛與控制

有時候我們身在其中，往往分不清什麼是愛、什麼是控制。所以需要透過釐清的方式讓自己清楚看見，什麼是愛，什麼又是控制！

＊練習

❶準備一疊白紙。
❷找一個你覺得舒適的地方，安靜地坐下來。
❸寫下來：「什麼是愛？什麼是控制？」
❹然後開始記錄你的內心對話，把腦海中想到的話都記錄下來。
❺透過這樣的書寫過程，可以幫助自己釐清什麼是愛、什麼是控制。

放手，是給子女最大的愛！

仔細探究為什麼父母容易情緒勒索子女，其根源通常是愛。因為愛小孩，所以會自以為把最好的給子女，卻不知道那是不是他們真的想要，結果就造成了衝突；在衝突發生的時候，父母會為了把自己的禮物送出去，而採取威脅、利誘的手段，甚至是透過情緒勒索的方式，達成自己的目的。

試問：這樣的愛對方能感受到嗎？答案通常是不能！

我有一個朋友的媽媽，個性屬於緊張型，也有一定的控制欲，所以希望小孩都能夠聽話，能夠按照她的方式來執行所有的事情，如果稍有不順她的想法，就會打悲情牌，想辦法讓小孩照著她的方向走。

直到朋友上了大學，媽媽還想要透過這樣的方式來控制小孩，沒想到朋友卻很激烈地反彈，跟媽媽大吵了一架。過了幾天，朋友主動找上媽媽，針對那天的事，跟媽媽好好溝通。

朋友對媽媽說：「媽！我已經不是小孩子了，所以真的不需要操這麼多的心。我知道妳是為了我好，但如果我一直在妳的保護之下，怎麼可能成長呢？未來我還是得要一個人面對生活，面對所有的愉快、不愉快，我不可能永遠依賴妳，我需要有自己成長的空間，這樣才能有所發展，對吧？」

媽媽點了點頭，不發一語。

「所以，妳要讓我開始自己決定一些事情，要讓我獨當一面，好面對未來的社會。當然，我知道妳是希望我不要受傷，但我不可能不跌倒、不可能不受傷，因為這是成長需要付出的代價。」

媽媽繼續點了點頭，欲言又止。

「我很感謝妳這麼愛我，怕我受傷。但是，真正的愛不就是應該要放手，讓我好好地闖一闖，這樣未來我才能在社會上生存，對吧？」

朋友的媽媽抬起頭來看著朋友，嘉許地拍拍他，然後就離開了。

之後，朋友跟媽媽的相處反而越來越融洽，彼此就像朋友一樣，無話不談，因為他們都知道雙方其實都愛著對方，只是愛的方式不同，但他們可以找出彼此都能接受的最大公約數，反而讓親情可以更加濃密。

放手，是父母最大的愛！

有一句話是這麼說的：「船停在港口最安全，但那不是造船的目的。」養育小孩也是如此，不管父母願不願意承認，但總有一天，小孩還是要離家。他們必須要出去，才能夠看見這個世界、才能夠體會這個世界的殘酷與美好。這些危險與挑戰，終將成為他們生命中的養分，淬鍊成一個更好的人！

在成為一個更好的人之前，父母必須要先放手。就像是學騎腳踏車一樣，如果大人害怕小孩跌倒，於是一直幫小孩扶著，這樣要怎麼學會騎腳踏車。唯有大人放開手，讓小孩跌個幾次之後，他們才會知道如何騎車。

親愛的父母們，或是有可能成為父母的人啊！請學會放手吧！

或許你們會不舒服、會覺得不被需要、甚至擔心害怕，但你們要知道：等到一定的時間，就要讓小孩自己飛翔。就如同母鳥到了適當的時候，就需要把小鳥趕出鳥巢，因為如果一輩子都在母鳥的羽翼照料之下，雛鳥肯定是無法生存、無法飛翔。

放手吧！放手不是不關心小孩，而是為了讓小孩更好。家長們只需要在旁邊看著，真正有需要的時候再幫忙就好。當你們彼此是生命中的夥伴、朋友，反而會讓關係更加親近，這樣不就是最好的結果嗎？

18 正念能量的心靈練習——放手，斷妄念

有些父母會擔心小孩受傷，所以希望給小孩最好的環境，於是不斷地限制他們，緊緊地把小孩握在掌心，最後只會讓小孩更想逃跑。須知父母的所有擔心，其實都是對小孩的詛咒！這就是父母的妄念，你必須要斷掉這些妄念，才能真正放手。

＊練習

❶找一個你覺得舒適的地方，然後安靜地坐下來。
❷把自己的呼吸調整均勻，讓自己越來越放鬆。
❸想像孩子可以處理任何事情，你越不管他們，他們會做得越好。
❹這時候，你不需要擔心，只需要祝福他們，一切會越來越好！
❺把你的祝福化成一道光，送給你的小孩。

心靈筆記

心靈筆記

Chapter 4

婚後，面對第二個父母，你該怎麼做？

除了原生家庭所給予的感情勒索之外，一般人還有可能會面臨到包括兄弟姊妹、另一半跟親戚的情感綁架，這些都是人生無法逃避的課題，那麼除了前幾章所提到的方法之外，還有什麼方法可以面對呢？

這些都會在接下來的章節陸續提到，同時也會提到更多的解決方法，讓你可以挑選適合自己的來使用。

你應該要把我當你媽一樣——如何拿捏關係界限

媳婦，應該是華人社會當中最難的角色，是家人、又不是家人，卻是每個女人都有可能面對的問題。婆婆不是媽媽，卻希望妳把她當媽一樣尊敬，把婆婆當成媽，卻比媽媽難伺候；媳婦做什麼永遠都不滿意，到底該怎樣當媳婦，才能夠讓婆婆買單呢？

姍姍跟雄輝認識三年，談了一年的戀愛，終於被對方的體貼感動，選擇跟他共度終身，婚後他們兩人仍選擇住在外面，每逢假日才回婆家一趟，原本看似平靜無波的生活，終於還是被打破了平衡。

有一天，婆婆把姍姍叫進了房間，對她說：「姍姍啊！有些事情你們年輕人不懂，但如果我不跟妳說，就要妳依照規矩做事，我想妳也不太服氣。按理說，妳嫁過來我們家，就是我們家的人，我是妳丈夫的媽媽，也就是妳的婆婆，算起來也是妳媽，所以妳應該要把我當成妳媽一樣孝順。」

婆婆頓了一下後繼續說道：「聽說妳一個月拿一萬回娘家，但雄輝卻是一毛錢都沒有拿回家。雖說我們家是過得去，但妳都拿了一萬當作父母的孝親費用，那是不是也該給我們兩個老的一些零用錢啊？我也算是妳媽吧！」

姍姍苦笑著對婆婆說：「因為我家還有一個弟弟在念書，所以想幫父母負擔一些，讓他們可以好過一點，畢竟他們收入也不高。但如果現在要我們多拿一些出來，可能手頭會有點緊。」

婆婆微笑地說：「這樣講好像是我在為難妳是吧？我當初花了多少心血栽培雄輝，讓他補習、上最好的高中跟大學，甚至還讓他到國外留學，現在你們結婚之後，這些好處都是妳拿走了，妳跟我計較這點小錢？」

「不是這樣啦！」姍姍有點慌了，緊張地對婆婆說：「我沒有這個意思。因為雄輝有打算要創業，我有在幫他存創業基金，所以手頭上真的不寬裕。而且媽還有退休俸，所以才想說可以先緩緩。」

沒想到婆婆接著說：「退休俸歸退休俸，孝親費歸孝親費，這不一樣啊！是吧？除非妳沒有把我當媽，那我就不拿這個孝親費，但以後妳也不用回來了，反正妳也沒有把我當媽在看。」

啞口無言的姍姍，只好回去跟雄輝商量，看能不能撥出一些生活費給婆婆。

雄輝問姍姍：「怎麼突然要給媽生活費啊？他們不是過得挺好的嗎？這幾千塊對他們來說根本是零頭吧！」

姍姍就把原委告訴雄輝，為了不讓姍姍難做人，於是兩人只好少存一點，讓姍姍可以在雄輝家好好生存。但姍姍覺得很委屈，如果不是因為她拿孝親費回家，就不會有這樣的結果，都是因為她才會發生這些事情。

不要為難自己，要多讚美自己！

時常陷於情緒勒索的人，通常會是自信心低下的族群，一旦發生被勒索的事情，就會把所有過錯怪罪到自己的身上來，而這樣的情形如果不斷重複，就會讓他們的自信心更加低下，把所有的責任都攬到自己身上，彷彿自己就是世界上最爛的人一樣。

這時候絕對不要陷入這樣的情緒當中！為了強化自己的信心，有很多種做法，其中一種就是讚美自己。如果你也是時常出現自信心低下的人，請一定要多讚美自己。

多年前，日本三一一大地震之後，許多當地的日本人都陷入低潮當中，後來有一位老師到災區教導部分災民開始寫讚美日記，慢慢地有些人走出了低潮，開啟新的人生。

最簡單的方法，就是每天列出三件你覺得自己值得讚美的事情。像是：

「今天去運動場走了三圈！我真的很棒！開始照顧自己身體的旅程！」

「今天扶一位老先生過馬路，他很開心地道謝，我覺得自己真的很好！」

「今天把房間整理乾淨了，可以舒服地休息，覺得自己真的很棒！」

大到人生的轉捩點，小到把垃圾丟進垃圾桶之類的，只要你真心覺得自己做得很棒，就把它寫下來。或許有人會覺得彆扭，覺得不習慣讚美自己，但是我們要知道，這個世界上要打擊我們的聲音實在太多，如果我們不懂得幫自己加油，那可能很久之後才會有人幫我們加油。與其要等上十天、半個月，不如每天都幫自己加油打氣！

印象中有一個藝人，每次演出完畢總是自己先鼓掌，有人問他說：「為什麼你要自己先給自己掌聲？這樣不覺得很自戀嗎？」

他回答：「如果連自己都不給自己掌聲，都不覺得自己做得很好，那麼別人為什麼要給你掌聲？」

想想看：當你寫一篇文章、貼到社群平台的時候，第一個按「讚」或「喜歡」的人是自己嗎？如果不是，問問看為什麼不是自己第一個按「讚」，是怕別人覺得自己太自戀呢？因為覺得自己不夠好？通常內心的答案是後者。

所以，多讚美自己吧！因為你值得！

19 正念能量的心靈練習——讚美自己

當你的自信心夠強大，任何人的情緒勒索，對你來說都是一碟小菜；當看到每一個人透過情緒勒索在渴望自信的時候，反而會覺得他們真的很辛苦，需要透過別人的認同來得到肯定。

為了鍛鍊自信心，請一定要每天做這樣的練習。

＊練習

❶找一個筆記本。

❷每天寫下三件值得讚美的事情，並持續三十天以上！

你愛小孩，就應該——不同教養立場產生的衝突

媳婦的第二道難題，通常是有了小孩之後，為了小孩跟婆婆有了衝突。

姍姍跟雄輝結婚後的頭三年，兩人一直沒有懷孕的消息，直到第四年，姍姍突然發現月經沒來，去醫院診斷才知道懷了小孩。過沒多久，婆婆也知道了這個消息，就來姍姍家探望她。

婆婆一進門就挨上了姍姍，摸著姍姍的肚皮說：「這是我們家第一個孫子，希望他是個男孩。」

「男孩女孩不都一樣！」雄輝對媽媽說：「只要是我們的小孩，都好啊！」

「哪有一樣！」媽媽說：「男孩將來可以繼承我們家的香火，女孩不行。」

「媽！」雄輝有點不高興地說：「不管是男孩、女孩，都是我們家的孩子，

一樣可以繼承我們家的香火。」

媽媽聽到雄輝這樣說，也就打住話頭，只是說：「一定是男孩。」

過了幾個月，孩子生下來了，幸好是個男孩子，婆婆樂不可支，對姍姍說：**「這小孩就給我帶吧！」**

「媽，這樣不好吧！」姍姍說道：「這樣你們太累了，還是我們自己帶就好，等到一歲多以後可以去托兒所。」

「怎麼可以送到托兒所！」婆婆不高興地說：「要嘛妳就辭職專心帶小孩，要嘛就是我來帶，不可以把我的金孫送到托兒所去。」

「媽，我還有工作啊！怎麼能說辭就辭。」

「妳如果真的疼小孩，就應該要辭職在家照顧他。」婆婆說：「要不然就是我來照顧，送到托兒所，好像我們家都沒人可以照顧似的。再說了，現在雄輝自己創業，收入也比以前多了，不是非要妳那份薪水來養家活口，乾脆辭一辭，專心在家照顧小孩，這樣不是很好嗎？反正妳的薪水也不多！」

婆婆這番話讓姍姍氣到不知道該回答什麼。但最後為了避免家庭衝突，姍姍還是把工作辭了，專心在家照顧小孩。

觀察自己的情緒狀態與流動

在面臨情緒勒索的時候，最重要的關鍵點是什麼？答案就是：情緒。

一旦我們被捲入了情緒風暴中心，往往無法自拔。等到回過神來，才發現自己已經做出錯誤的決定。所以面對情緒勒索的時候，千萬不要太快做決定！

那麼什麼時候做決定呢？等情緒狀態平穩之後。

那要如何平復自己的情緒呢？有些人會說：告訴自己不要生氣！不要生氣！這樣不是最快嗎？當然不是！這絕對不是最快緩和與觀察情緒的方法。

想像一個場景，你很生氣很生氣的時候，對方告訴你：「不要生氣、不要生氣！」

這時候你會聽到什麼關鍵字？對！就是「生氣」，你反而可能更生氣。

所以應該要說的是：「放輕鬆、深呼吸、peace！」才有可能緩和情緒。

但有另外一種人，他們彷彿很快地轉換情緒，從非常生氣的狀態，瞬間緩和下來，這樣算不算釋放情緒？事實上，通常是壓抑情緒，而不是轉換情緒。

壓抑情緒也是一個常見的問題，有時候我們容易受到所謂的ＥＱ理論影響，告訴自己要有良好的情緒商數，所以往往把情緒往心裡送，最後的結果就是：你的心中堆滿了情緒垃圾，總有一天會大爆炸。

那你可能會問：但我怎麼知道我的情緒真正平穩了呢？有時候雖然人們還在情緒上，但卻表現出沒有情緒的樣子，這樣真的能夠辨識出來嗎？

簡單來說，要懂得觀察自己的情緒狀態與流動。當你學會如何觀察情緒的狀態與流動，讓情緒不至於影響你，並進一步學習釋放自己的情緒，讓自己的心可以逐漸自由，才不容易受到情緒的綁架與勒索。

20 正念能量的心靈練習——幫情緒貼標籤

什麼是幫情緒貼標籤呢？

舉例來說，如果你覺得很憤怒，可以稍微跳脫一下，把自己當作是一個旁觀者，辨識出自己憤怒的情緒，然後貼一個標籤：這是憤怒。

如果覺得自己很緊張，一樣跳脫當下的情境，辨識出自己很緊張的狀態，然後告訴自己：對！我現在情緒還處於緊張狀態。

當你開始不斷地幫情緒貼標籤，這些情緒就會慢慢緩和下來。

＊練習

❶當你感覺到有情緒的時候，快速離開現場。

❷找一個你覺得舒適的地方，安靜地坐下來。

❸開始幫自己的情緒貼標籤，發現剛剛自己有憤怒、不安、恐懼、害怕

等情緒。

❹調整均勻自己的呼吸，讓自己越來越放鬆，然後慢慢地逐漸釋放情緒。

POINT

分辨情緒，是處理情緒的開始。

不跟家裡住，就離婚吧——如何拒絕情緒勒索

婆婆和媳婦總是有開不完的戰場，社群平台上抱怨婆家的文章多如牛毛。通常婆媳之間有第三種勒索的狀況，就是「住家」的問題！

姍姍迫於無奈，辭職後開始照顧小孩。婆婆每天都會來姍姍家，幫忙帶一些嬰兒用品，像是奶粉、尿布等。

某天下午，婆婆來到姍姍家，幫忙整理了一下環境後，兩個人就在客廳裡面聊了起來，婆婆說：「姍姍，你們是不是該考慮搬回來了？」

「媽，怎麼了，怎麼會這樣問呢？」

婆婆就說了：「我剛剛在路上想啊！每天這樣來來回回，還是滿花時間，如果你們搬回來，我就不需要這樣兩邊跑，也可以每天看到我的金孫。而且，

妳現在辭職沒工作，雄輝又在創業起步階段，雖然收入還可以，但總是要多存一點錢。你們這邊的房租、水電、管理費用等等加起來，應該要兩三萬，加上小孩的費用，一個月總得支出三萬多吧！如果搬回來住，每個月我收你們八千生活費就好，妳說這樣是不是很划算？」

「聽起來是不錯，但是這樣太打擾爸和媽了。」姍姍準備要推辭婆婆的好意。

「我們是一家人，怎麼會是打擾？而且這樣，我跟妳爸還可以輪流幫忙照顧小孩，這樣妳也比較輕鬆，不是嗎？」

「這個我還是要跟雄輝商量。」姍姍開始打太極。

「也是！那我過幾天直接跟雄輝說好了。」婆婆就這樣結束了這個話題。

那些發生在家庭裡的肥皂劇

沒想到一周之後，雄輝跟姍姍說了這件事情：

上次談完天過沒多久，婆婆就把雄輝叫回家，對雄輝說：「那天我跟姍姍說，要你們搬回家來住，姍姍看起來不太願意耶！」

「媽，我們不是說好，結婚之後一樣住外面嗎？」

「那是以前，現在你們有了小孩，當然要回來住啊！」

「不可能啦！當初我就跟姍姍說我們要住外面，她才願意嫁給我，我不可能再搬回家啦！」

「什麼！原來是這樣。」婆婆不高興地說：「總之，你去跟她說，如果她不願意搬回家，那就離婚！我們不需要不聽話的媳婦。」

「媽，妳這是無理取鬧。」雄輝也不高興了：「我們當初都說好了，怎麼可能因為她不搬回來就離婚，我們感情很穩定，也有了小孩，怎麼可以說離婚就離婚！」

「我不管！」換婆婆生氣了，「總之，你要嘛選老婆，要嘛選老媽。但我先聲明，你選了老婆就是不要老媽，你以後就不要回家了！」

雄輝這時候也真的生氣了，對著媽媽說：「好，那我就不回來！」然後把門甩了就回家。

雄輝跟姍姍說完沒幾天，姍姍就接到婆婆的電話：「妳到底懂不懂得尊重長輩的意見，我低聲下氣求你們搬回來，結果妳居然叫雄輝來吼我。算了，兒子娶了老婆就是老婆的，就把媽媽丟到一邊了，我真的很歹命！」

婆婆在電話當中哭了足足半小時，最後還是姍姍逼著雄輝回家道歉，這件事情才暫時告一段落。

用肯定句，建立自己強大的內在！

經常被情緒勒索的人，除了沒有自信之外，再來就是害怕衝突，怕發生了什麼他們無法預料、無法解決的事情，所以選擇了息事寧人。這些人會有這些想法：

●算了啦！就讓他一次，下次再說。（但通常下次還是會讓他。）

●我這次就不跟他計較，下次如果遇上這樣的情形，我絕對不會妥協。（結果下次還是妥協了。）

●有些事情，就是以和為貴。（所以人家就得寸進尺。）

●我是大人有大量，就不跟他計較了。（是害怕產生衝突吧？）

●我覺得是不是我的想法不對，而他的才是對的。（不管對不對，但你就是被勒索了！）

●我是為了避免讓家族產生爭端。（但下次還是會因此而爭吵。）

看完這些狀況之後，其實真正的問題在於，除了對方透過情感來勒索外，自己也默許對方勒索。有時候，我們真正擔心的問題，從來都不是外在的衝突，而是因為自己的內心不夠堅強，不認為自己可以處理這些事，害怕這些衝突會造成彼此關係破裂。

因此，你需要透過肯定句來增加自己的決心與能力。

什麼是肯定句？肯定句就是：正向且強而有力的語句。

舉例來說：

- 我是個獨特而有價值的人。
- 我有能力可以協調任何狀況。
- 我能處理好任何衝突。
- 我堅持自己的立場。
- 我擅長溝通協調。
- 我是個有自信的人。
- 我懂得人性，可以有能力處理任何情緒勒索的狀態。

總而言之，你必須要不斷地肯定自己，確定「不被勒索」這件事情是正確的，唯有先不被勒索，之後才有選擇的自由。

21 正念能量的心靈練習——撰寫屬於自己的肯定句

有些人可能會問：每天背誦這些肯定句，就可以有神奇的功效嗎？如果只是單純背誦，就跟背書一樣，效果自然會大打折扣。所謂的肯定句，一定是要打從心底相信，我就是這樣的人，我就是有這樣的能力，我可以度過每一次的情緒勒索；如果不是這麼相信著，自然就會懷疑自己，最後陷入同樣的循環。那應該要如何使用肯定句呢？

你可以先寫出你想要的肯定句，像是：「我可以處理任何衝突。」

如果現在要馬上相信自己可以處理任何衝突，信心通常會潰堤。所以需要找到事實作為依據，來支撐肯定句的訴求。以剛剛的肯定句為例，就可以想想：過去什麼時候，我曾經有處理過衝突，而且圓滿解決？結果想起在小學的時候，有一次A同學搶了B的糖果，但經過我的溝通與處理，A願意把糖果還給B，而且還跟B道歉。

這時候可以這樣說：「我可以處理任何衝突，因為我在小學的時候，

順利地跟同學溝通協調，讓B同學能拿回糖果，而且讓A跟B道歉了。」一

這時候肯定具有了「事實」的加持，就會越來越相信自己有這樣的能力，可以處理更多的衝突。如果你發現了更多的事實，就可以往下增加，也可以另外寫一句肯定句，能不斷強化自己的信念，發揮肯定句的作用！

當我們越來越熟練的時候，你就可以在生活中輕易地找到事實依據，然後更加肯定自己。當我們有強大的信念支持時，就越容易度過每一次的情緒勒索。所以請一定要好好練習，創造屬於自己的肯定句。

* 練習

❶找一個你覺得舒適的地方，然後安靜地坐下來。

❷開始列出你想要解決的問題，覺得自己不足的地方有哪些。

❸然後把這些負面的句子轉為正面的陳述。

❹最後寫成這樣的句型：我可以（達成什麼結果），因為我（具體事實）。

這是我最後的願望——用心平氣和取代不甘願

武翰跟珈欣結婚前就說好，不打算那麼快有小孩，甚至沒有小孩也可以，所以兩人一直過著快活的日子，但這樣的日子卻被公公的一通電話給打破。

某天下午，武翰接了爸爸的一通電話後，兩人急急忙忙地回到爸媽家。一進門，就感覺到氣氛非常凝重，彷彿有什麼大事要發生。

兩人一坐下，武翰的媽媽就開口了：「我知道你們兩個都不想要小孩，所以我們一直都沒有催你們，但是今天不得不催你們了。」

媽媽突然間哽咽地說：「你爸最近檢查出癌症，而且已經到了末期，就算治療也活不了多久，所以我們才找你們來一趟，爸爸有些話想跟你們說。」

這時候武翰的爸爸開口：「醫生說我只剩一、兩年的壽命，我也認了，該治療我也會去治療，該怎麼辦也就怎麼辦，但我有一件事情，希望你們可以幫我辦到。」

爸爸喝了一口茶後，繼續說：「我最遺憾的事情，就是現在還沒有孫子；我希望在有生之年，可以看到自己的親孫出生，等有一天回去見祖先的時候，才好有個交代。」

靜默了幾秒鐘之後，爸爸才又開口說：「所以，我希望你們可以在這一、兩年生個金孫給我抱，讓我走了之後可以面對祖先！」

聽到爸爸這樣說，武漢跟珈欣都靜默了。

大概過了五分鐘，武翰的媽媽出聲了，「我知道你們一時間聽到這樣的消息，都沒有心理準備。沒關係，你們可以回去想想，再商量看看。」

武翰跟珈欣回到家之後，兩個人都不發一語。

最後武翰說：「我們就生個小孩吧？」

珈欣苦笑地說：「不然能怎麼辦？爸媽都把話說成這樣了，我們能不生嗎？但也不是我們說生就可以生，明天還是去檢查一下吧！」

即使被勒索了，還是能保持心情愉悅

談到這裡，或許會有人認為，是不是都不該接受情緒勒索？

當然不是，有時候對方雖然用親情作為人質，但你經過深思熟慮，仍然希望能夠達成他的願望，若是你處於心甘情願的狀態，自然就不能說是「處於被勒索」的情形。

也就是說，假設我們的狀態是好的、情緒上沒有被左右，就算真的被情緒勒索了，對於我們自己也不會有太大影響。所以要避免被情緒勒索，除了壯大自己的信心之外，還要讓自己能夠隨時處於快樂的心情，這樣才能相輔相成。

要如何保持自己的心情而不被動搖呢？說實話，這幾乎不可能。曾經有人問達賴喇嘛：「如何讓自己沒有情緒？或者如何做到沒有情緒的起伏？」

達賴喇嘛是這樣回答對方的：「只要是人，就會有情緒。我碰到許多情況的時候，也是會有情緒起伏，但我會觀照這樣的情緒，並且快速地回到平靜狀態。」

就如同他在官方粉絲團貼文說道：「我深信，我們的情緒必須與智慧協調一致。如果沒有情緒，一個人必然會變得索然無味，非常冷漠，因此，情緒應當是人生的一部分。」

既然情緒是人的一部分，情緒的起伏也是必然，那我們可以怎麼看待情緒呢？回到剛剛達賴喇嘛說的話：用智慧來調伏自己的內心。

以武翰的狀況為例，雖然他們處在被情緒勒索的狀態，而且感覺是必須接受，這時候你需要接受這件事情的發生，因為它就是發生了！

或許武翰會認為自己被挾持了，不得已才去做，但不妨回到生小孩這件事情，是不是「完全沒有規畫」？如果有存在任何一點點「想要小孩」的想法，或許爸媽的願望就是促使這件事情快點達成的催化劑，自然就會大大降低被強迫的感覺。

這樣的方法一般稱為「換個角度想」，但如果只是一般的方式，並沒有辦法讓你感覺很愉快，所以我們會問的是：如果這件事情發生了，那對我有什麼好處？有什麼更棒的禮物嗎？

以剛剛武翰的狀況，那就是：

「如果生了小孩，對於自己有什麼樣的好處？」

「是不是可以降低遺傳疾病的機會？」

「趁年輕生小孩，是不是可以更有活力帶小孩出門？」

「會不會更有家庭的感覺？」……

就可以讓自己快速走出不好的情緒。

22 正念能量的心靈練習——身心的鍛鍊，可以快速調整情緒

除了理智上的轉換之外，想要快速調整情緒，身心鍛鍊也是很重要的一塊。就如同我們所知道的一樣，情緒勒索最核心的關鍵，還是在情感的糾結上，如果我們可以鍛鍊自己的身心，就能夠快速解開問題點，讓情緒回到平穩的狀態。那麼要怎樣鍛鍊自己的身心呢？

1吃進一些讓身心愉悅的食物——多選擇富含維他命B群跟維他命C多的食物，像是芭樂、奇異果等。香蕉含有豐富的色胺酸，可以刺激身體生成血清素，這是一種快樂激素，也可以讓我們情緒快速回穩。

2運動——透過規律的有氧運動，可以讓自己的身體代謝廢物，讓身體機能保持年輕的狀態，相對可以應付許多情緒起伏。

3找對應的精油或花精——嗅覺是能夠最快影響情緒的一種感覺。想想看，當你聞到喜歡的食物，是不是馬上就會有相對應的情緒反應？當你聞到酸味的時候，是不是就會有流口水的感覺。所以善用舒緩的精油或花

精，可以讓你快速進入放鬆狀態。有時候我會搭配適當的精油進行身體放鬆，在這裡想特別提醒大家，使用精油的時候最好使純天然的有機產品，因為放鬆的狀態身體對於能量或者物質的吸收能力最好，Bonnie House植享家的產品我就特別推薦，因為它是同時通過美國、澳洲，市面上非常少見的雙有機認證產品，在透過天然草本的精粹能量，同時能協助我們定心，也相對容易入眠。

4散步靜心——給自己一點獨處的時間：每天給自己三十分鐘，讓自己一邊走路、一邊放空，這時候什麼事都不要想，不要聽音樂，也不要滑手機，就讓自己放空，讓大腦休息一下，也能夠讓情緒維持穩定。

5睡個好覺——睡眠是人體最重要的休息機制，透過睡眠，大腦可以重整一天的記憶，空出大量的空間容納突發事件。這就是為什麼睡不飽的人，通常情緒起伏很大，甚至會有暴怒的情形出現。

當我們的身心維持在最佳狀態時，就有能力面對任何突發狀況，就能更從容地處理這些問題，而不會讓情緒成為絆腳石。

不聽我的話，就——成為情緒勒索的幫凶

才剛經歷過爸爸的情緒勒索，武翰跟珈欣又碰上另外一件事情。

原本珈欣跟媽媽都會用通訊軟體聯繫，但是今天媽媽突然打了好幾通電話給她，只因為上班關靜音沒聽到，等到中午吃飯，她才回撥給媽媽。

媽媽一接到電話，就對珈欣說：「小欣，妳周末的時候可以回家一趟嗎？」

「怎麼了？」珈欣問：「突然要我們回家一趟。」

「還不是妳爸跟妳弟。」媽媽急著說：「這幾天父子倆吵得不可開交。我想說妳周末回來一趟，幫忙看看怎樣解決。」

「這樣啊！」珈欣說：「那我周末跟武翰回家一趟好了。」

於是周末的時候，武翰跟珈欣回到娘家，媽媽就把他們倆拉到房間，把事

情的始末和盤托出，他們才知道發生了什麼事。

珈欣的弟弟嫌爸爸管東管西，想要搬出去住。但他的收入不到三萬，爸媽擔心他無法生活，希望他不要搬出去，兩人起了口角，鬧得很不愉快。

那天下午，珈欣的弟弟從外面回來，爸爸就對弟弟說：「今天你姊回來，等等就別出門了，在家裡吃晚餐。」

沒想到弟弟回爸爸：「我已經跟人有約了。」就準備要往自己的房間走。

爸爸一聽到弟弟的回應，整個情緒都上來了，直接對著弟弟大吼：「出去！出去！既然這麼喜歡在外面，你就給我滾出去！」

弟弟也不甘示弱，直接回嗆爸爸：「我本來就要搬出去，是你一直在阻止我。」

聽到弟弟跟他頂嘴，爸爸更加怒不可遏，說道：「既然你不聽話，你就不要拿我的錢。」

「不要就不要！」弟弟不在乎地說。

「我告訴你，我的遺產，你一毛錢都別想拿！」爸爸氣到血壓開始飆高，重重地坐到沙發上。

聽到兩人爭吵，媽媽、珈欣跟武翰都走了出來，看到爸爸手握住左胸，露出痛苦的表情。媽媽急忙到客廳櫥櫃中，拿出降血壓的藥物給爸爸服用。

「弟，你怎麼可以這樣跟爸說話？」珈欣不高興地說：「快跟爸說對不起。」

「我不要！」弟弟不服氣地說：「明明就是他先挑釁我的。」

這下子五個人就僵在那邊，氣氛十分凝重。

最後是武翰對弟弟說：「走！我們出去透透氣。」趕緊把弟弟拉出去，才解決了尷尬的狀況。

弟弟跟武翰出門之後，就對武翰說：「姊夫，我說的不是沒有道理，對吧？」

「我知道你的想法。」武翰說：「但有些事情是需要慢慢來啊！你這樣直接硬碰硬，讓媽跟你姊夾在當中，她們多難做人啊！還是跟爸道個歉，其他的事情，再說吧！」

「但這樣你不是在情緒勒索我嗎？」弟弟的回答讓武翰無言了，這才意識到自己也是情緒勒索的幫凶。

發生情緒勒索狀況時，或許你該高興！

有時候，我們會不自覺地當了情緒勒索的幫凶而不自知。就像是案例中的武翰，一直希望能夠快速「和諧」地處理丈人跟小舅子之間的問題，於是想要強迫別人屈從，快速地擺平一切，於是不自覺地成了情緒勒索的幫凶。

也就是爸爸情緒勒索了媽媽、武翰跟珈欣，然後武翰又來要弟弟妥協。其實這也是我們常見的情況，有時候家人之間吵架，就會有人跳出來當和事老，而這個和事老通常也不是真的要把事情處理好，只想要雙方快速回到原本的狀態，於是就會勒索其中一方，希望用妥協換回平靜的生活，但這樣一來不但無助於解決問題，反而還會擴大事端。

佛教喜歡把業（Karma）比喻成種子，每一顆種子種在潛意識裡頭之後，如果有一天發芽了、茁壯了，就會干擾我們的情緒與意識。

任何的好事、壞事，都將會成為一顆種子，種在每個人的心田當中，有一天發芽了、長大了，就會開始干擾自己的心理狀態；如果是好事，那就會有好的結果等待著我們；如果是問題與困擾，就會成為一個抹不去的疙瘩。

為了要避免這樣的狀況，最好的方法就是：趁還是種子的時候，就把有問題的種子去除。通常當我們面臨情緒勒索的時候，不是才剛種下種子，就是種子已經發芽茁壯了，這代表我們應該要好好面對與處理，讓這樣的結果可以從我們的心田中移除。

23 正念能量的心靈練習——事情發生，我們都在場！

《零極限》的作者修藍博士在書中提到：「你有沒有注意到，每當你有問題，你都在場？」

有時候或許那個問題跟你沒關係，它可能是遠方親戚的狀況，但是只要這個問題傳到你這邊來，就代表你已經在場了，這個「業」就是跟你有關係。所以任何事情發生，我們都在場！

既然我們都在場，就代表這些事情是我們曾經共同在心田上所種下的業，而現在我們有機會移除它了。在現實生活當中，就是透過自己的智慧與修養，好好地面對與處理。

但是在神性當中，或許這個業還是存在，這時候我們必須要清理它，讓它能夠從亙古以來的記憶中被移除。在《零極限》一書中提到，我們可以透過四句話來清理這些記憶，那就是：對不起、請原諒我、謝謝你、我愛你。

＊練習

❶找一個安靜舒適的地方，讓自己坐下來。

❷回憶起任何一件你想要處理的場景。

❸對著所有的一切，發自內心地說出：對不起、請原諒我、謝謝你、我愛你。

❹想像關於這件事情的一切情緒與記憶，都被不斷地清理。

❺讓所有的一切回到「零」的狀態。

❻對一切事情表達感謝！

心靈筆記

心靈筆記

Chapter 5

我們是家人吧……

在家庭中的情緒勒索，不是只有父母、子女而已，還有另外一塊，就是兄弟姊妹之間的部分，如何因應這些來自於手足的親情勒索？

只能含淚默默吞下？還是和諧相處，卻又不被勒索呢？這是我們要探討的重點。

就當作幫幫我——來自親情的推銷

從小開始，兄弟姊妹之間的情感就很複雜，一方面彼此都在競爭父母的愛，另外一方面又是需要互相扶持的同伴，所以兄弟姊妹往往是人際關係中相當糾結的一段。

也因為這樣，兄弟姊妹的情緒勒索，也是非常常見，該如何面對這樣的情緒勒索，在在考驗著當事人的智慧。

明彰、彥誠、淑萍是三兄妹，明彰是大哥、淑萍是老二、彥誠是么兒。出社會之後，彥誠接觸了保險業，在公司的要求下，彥誠先跟爸媽開口，希望父母能夠支持自己的事業，於是爸媽分別投保了兩百萬的終身壽險，讓彥誠有業績可以交差。

到了第二個月，彥誠開始掃街拜訪客戶，卻沒有任何業績，於是彥誠想起了在外地工作的哥哥明彰和嫁為人婦的姊姊淑萍。

某天晚上，彥誠約了明彰到咖啡廳。

「怎麼啦？怎麼突然來找我？」明彰問彥誠。

「有一件事情要跟你說啊！」彥誠說道。

「是跟爸媽吵架喔？」明彰笑著說：「也難怪啦！我跟淑萍都搬出來了，爸媽只能管你。」

「不是啦！」彥誠笑著說：「雖然是偶爾有口角，但也還好。」

「是喔！不是吵架的話，你幹嘛專程從台北到新竹來找我？」

「我有一件事情要跟你說啦！」彥誠說。

「什麼事情？」

「哥！你出社會這幾年，是不是有存一點錢？」

「有啊！」明彰回答道，但心中開始犯嘀咕，是要借錢嗎？還是要買什麼東西？

「所以你有做理財規畫嗎？」

「有買基金啊！」

「有規畫保險嗎？」

「目前是有買一張定期險，其他都是爸媽之前買的。」明彰心想：原來彥誠是去做保險了啊！

「這樣啊！那我幫哥哥重新規畫一下可以嗎？」彥誠問。

「這樣啊！但我現在薪水不高，恐怕沒辦法再多買一張保單。」

「沒關係啊！我幫你看看又不用錢，而且大不了退掉那個定期險就好啊！」彥誠笑著說道：「不然你先把保單給我看。」

「也好。」雖然明彰有點不悅，但不忍拒絕弟弟的請求，就回家把保單拿給弟弟帶回台北。

三天後彥誠又來找明彰。

「哥！」彥誠興奮地說：「我都幫你看過了！我建議你把這個定期險退掉，因為這張保單到期之後無法領回。」

「我知道啊！」明彰說：「之前我的保險業務員有跟我說。」

「是喔！」彥誠繼續說：「我是建議你退掉這張保單，改買我們家的另外一張終身壽險，雖然費用有增加，但是可以保障終身，我也建議你買一張醫療險跟儲蓄險，這樣你的基本保障就有了！」

「這樣啊！」明彰有點為難地說：「那要多少？」

「不用很多，一個月大概繳七八千元就好。」彥誠微笑地說。

「這樣很多好嗎？」明彰不客氣地說：「我一個月薪水也才四萬多，就要花兩成在保險上，這樣太多了。我還要繳房租、水電費用，不可能買這麼多的保險！」

「哥！我這是幫你耶！」彥誠有點不開心地說。

「話不是這麼說的啊！」明彰回應著。

「哥，你不是最疼我嗎，現在就當作幫幫我，我需要業績啊！」彥誠開始使用親情攻勢。

「這……」換成明彰不知道如何回答了。

彥誠看到明彰支支吾吾，馬上就把保單拿出來，跟明彰說：「哥在這邊簽名就好，其他我都會幫你處理好！」

看著渴望業績的弟弟，明彰無奈地簽下了名字。

親情推銷，該如何面對？

在推銷行業當中，最常找自己親友的就是保險與傳銷，只要有親戚做了這兩種行業，往往就容易被親情推銷，購買相關的保單或商品。如果自己剛好有這類需求到還罷了，但最常破壞感情的狀況，就是明明沒有需要，或是已經超出自己的能力範圍，但是卻被親情綁架，不得不購買相關的服務或產品，導致關係越來越疏遠。

當我們面臨親情推銷的時候，該如何處理呢？最常見的情形就是明彰的決定，為了維繫親情而被迫購買，到最後給自己帶來壓力，讓自己不開心。第二種狀況就是狠下心來不購買，導致對方跟自己有了嫌隙，也會出現不開心的狀況。既然不能說要、也不能說不要，那該如何應對呢？

當面對這類的親情推銷時，首先要確定自己的能力與意願。以案例中的明彰為例，應該要跟彥誠說清楚，自己的預算就是每個月四千元，超出這樣的預算就會有經濟壓力。

你要讓對方清楚：我有意願要幫你，但我可以幫你的範圍是到哪裡，其他的你要自己想辦法！如果沒有先說清楚，讓對方予取予求，最後才想要拒絕，就會搞得兩方都不開心。

所以面對親情推銷，重點就是釐清產品是不是自己需要的，如果不是，就盡量把風險控制在最小範圍，好好地跟對方溝通清楚，不要因為害怕衝突而不敢說，拖到最後只會把事情越弄越糟。

24 正念能量的心靈練習——你有說不的權利！

面對人情壓力，往往都會礙於感情，而無法讓「不」這個字說出口；但這樣下來反而會讓自己更受傷，所以要如何說「不」，就是一件很重要的事情。

＊練習

❶先回想一個過去發生過，你明明想說「不」，卻又不得不同意的場景。
❷然後重新回到那個場景，找到其中的關鍵點。
❸重新設計橋段：如果這件事情重新來過一次，你會如何處理與應對？

都是一家人，就要互相幫忙——放下受害者的心態

剛簽完明彰的保單，彥誠覺得這實在太順利了，於是隔天撥了通電話給淑萍，想要約姊姊出來喝咖啡。

「姊！最近有空嗎？要出來聊聊天嗎？」

「我聽哥說了，你現在在賣保險啊！真是無事不登三寶殿啊！」淑萍從小就跟弟弟感情不好，一接到弟弟的電話，馬上就直話直說了。

「姊！幹嘛這樣說。」彥誠尷尬地說。

「我就把話說白了，我是不會買的。」

「好啦！我知道了！」彥誠不開心地掛了電話。

當天晚上，淑萍就接到媽媽的電話了。

「淑萍啊！聽說妳今天跟彥誠講電話很不客氣喔！」媽媽說。

「沒有啦！我只是跟他把話說清楚而已啊！」淑萍心想：這個臭小子！又去跟媽告狀。

「淑萍，妳也知道彥誠剛起步，妳怎麼不幫著他？」媽媽開始對著淑萍嘮叨了，「做哥哥姊姊的，一定要幫弟弟妹妹啊！妳這樣不就是澆他冷水嗎？這樣他會很沮喪。」

「媽！他已經不是小孩子了。他要學著自己靠自己啊！」

「但也要妳和明彰幫忙啊！」媽媽說：「兄弟姊妹之間不能這樣，你們都出社會一陣子了，總是要幫一下弟弟啊！」

「媽！妳這樣會不會幫得太誇張了？」淑萍說話有點大聲，感覺自己快要接近爆發了。

「妳就給阿誠一個機會，聽一下也好啊！」媽媽說：「然後加減買一張保險，又沒多少錢，妳又不是付不起。當初我們也是這樣栽培妳，讓妳補習、學才藝、讓妳念好的大學，現在不過就是要妳幫一下弟弟，妳就跟我大小聲。」

聽到媽媽這樣說，淑萍突然就像洩了氣的皮球，無奈地說：「好啦！妳跟阿誠說，叫他明天晚上來我家找我。」

最後淑萍跟彥誠買了三張保單。

兄弟姊妹之間的幫忙，該怎麼做？

兄弟姊妹之間，常會因為要不要幫忙而傷腦筋，尤其是當中有父母的介入時，就更加難以處理。所以，要如何面對這樣的壓力，其實非常難以拒絕。所以很多人到最後都乾脆順從父母的意思，這樣才不會衍生問題，造成和父母之間的嫌隙。

這個結的確不好解，但也不是無解。

首先我們需要認知到：不管你要不要幫忙自己的弟弟、妹妹，你都得要先跳出「被害者情結」。倘若因為爸媽的關係，必須要幫助兄弟姊妹時，最容易跳出來的一個問題就是：「為什麼是我？」

不知不覺中，就被植入了「被害者情結」的程式。

當我們有「被害者情結」的時候，會在有意無意之間影響到心理，甚至阻礙了未來的生活。所以，當我們不得不被父母情緒綁票的時候，千萬要建立防火牆，不要讓「被害者情結」再度傷害自己。

什麼是「被害者情結」？

就是認為自己無能為力，只能順著情勢的發展，任由他人擺布，而我就是那個被害的人。如果我們不知不覺習慣了成為被害者，就會逐漸養成怨天尤人的習性，到最後我們會把自己的人生交出去，覺得自己就是人生當中載浮載沉的浮木，一切都是如此的無能為力。

所以，當我們不得不被勒索的時候，記得不要把所有的問題都推到自己身上，讓自己成為被害者，這樣不但對人生沒有幫助，還有可能讓自己的信心受損，並不划算！

25 正念能量的心靈練習——任何行動前，暫停三秒

很多人常常會因為自己被情緒勒索，而掉入受害者心態，到最後就會變成一個怨天尤人、無法好好面對自己生活的人，想要避免這樣的問題，就是當你有任何狀況與行動之前，先暫停一下，讓自己回到「臨在」，回到當下，重新把自己的狀態調整好，再繼續之後的行動！

＊練習

❶在你陷入情緒與行動之前，先對自己喊：暫停！
❷深呼吸，用之前所教的方式，把你的覺知帶回到身體上。
❸經過幾分鐘的深呼吸之後，讓自己從那樣的狀態中離開。
❹決定是否採取行動。

小錢都要計較嗎——親兄弟也要明算帳

彥誠保險做沒幾個月，就因為業績不佳，沒通過考核，他覺得自己很失敗，也不願意出去找工作，一直在家裡面讓爸媽養。因為彥誠是么兒，爸媽特別疼愛他，所以也就放任他去了。

就這樣過了幾年，三人的爺爺過世，留下了一大筆的遺產，除了所有的兒子外，遺囑中也交代，有一部分的遺產是要給孫輩均分。也因此，明彰、淑萍跟彥誠都能分到將近三十萬元，算是多了一筆小財，讓三人十分高興。

分遺產的前幾天，彥誠對明彰、淑萍說：「那天你們都要上班，是不是我幫你們領了之後，就直接幫你們存進去？」

「也好。」於是明彰跟淑萍就把印章跟存摺交給彥誠。

幾天後，明彰跟淑萍跟彥誠拿存摺時，發現存摺當中只有各存入十萬元，明彰跟淑萍就直接質問彥誠：「怎麼我跟你姊的都少了二十萬？」

「你們知道我後來都沒工作啊！」彥誠說：「所以我需要生活費，想說先跟你們借二十萬，然後我就去貸款買了這台車。」彥誠說完後指了指外面的中古車。

「你怎麼可以沒有經過我們同意，就擅自挪用呢？」淑萍第一個開口：「這樣算是竊盜、侵占耶！」

「姊！」彥誠說：「我都說了是『借』，幹嘛把話說得這麼難聽呢？」

彥誠說：「反正你們都有在工作，不差這點錢啊！」

明彰看到弟弟這種態度，生氣地說：「這件事情爸媽知道嗎？」

「不知道啊！」彥誠不在乎地說：「又沒有多少錢，幹嘛跟他們說。」

正在氣頭上的明彰跟淑萍，決定直接回家找爸媽說清楚。

剛進家門，淑萍就對爸媽說：「媽，妳看妳的好兒子，挪用我跟哥的錢了，還一副無關緊要的態度。」

這時候爸媽還沒有會意過來，經過明彰的解說，才知道原來是彥誠先挪用了明彰跟淑萍的錢。

「彥誠！」媽媽不開心地說：「你怎麼可以先挪用呢？」

「我要買車啊！」彥誠貌似委屈地說。

媽媽對明彰、淑萍說：「你們就當作是借給他嘛！」

爸爸也說：「這幾年弟弟都沒有工作，你們就當幫一下弟弟，有什麼好大驚小怪的？」

「那是爺爺留給我們的。」明彰不高興地說：「弟弟不可以不問就拿走啊。」

「弟弟先拿走是不應該，但你們知道就好，不用特別跟我們說吧！」

明彰也不客氣地說：「我跟淑萍的意思是，弟弟應該要把錢還給我們。」

「不可能。」彥誠說：「我都拿去買車了，其他是我的生活費。」

「不行！」淑萍果斷地說：「今天你一定要把錢還給我們。」

這時候，爸爸說：「你們就一定要把帳算得這麼清楚嗎？我說不要計較了，你們還一直要，是把我們兩個老的當空氣嗎？」

媽媽附和地說：「又不是什麼大錢，幹嘛這麼計較？」

明彰跟淑萍聽到爸媽都這樣說了，只好靜默不語。

不卑不亢地表達自己的立場

面對父母強勢的護航，我想大部分的人都難以說「不」。但即便如此，應該仍要表達自己的立場。要讓父母知道這樣的做法不對。

就像是明彰跟淑萍可以對父母說：「我們計較的不是錢，而是這樣的處理方式不對。弟弟需要錢可以先跟我們說，而不是擅自挪用，這樣是對人的不禮貌。」

不管父母是否接受，仍必須表達自己的立場，告訴他們這是錯的！

再來，因為父母的偏袒，所以子女往往會對父母開始有了厭惡感，覺得父母不公平，讓自己感覺到不被愛，埋下不好的陰影，這種情況在越年輕的時候發生，越會影響自己的身心狀態，甚至對自己的未來產生惡質的影響。

這時候，或許需要從「心」改寫人生劇本。

從「心」改寫劇本

有時候，就是有些小孩覺得自己在受到排擠的環境長大、覺得自己孤立無助，缺少了支柱，也缺乏「愛」。所以他們渴求他人的「愛」，總是希望別人的目光可以停留在自己身上，在他人的注視中看見自己的價值。

但這樣，會讓自己不斷地想要「乞求愛」，進而更加害怕衝突、更加容易被情緒勒索。

那麼，要如何找回「愛」的感覺呢？答案是：從自己的「心」下手。

我們都沒有第二次成長的機會，我們過去的記憶會形塑現在的生命；但是人們的記憶跟感覺的可塑性很高，只要透過不斷地調整，我們的記憶跟感覺是有可能被「動手腳」。有一個簡單的方式可以重塑我們的想法，就是在腦海中重新想像一次狀況，讓這些好的感覺可以逐漸蓋過不被愛的感受，讓被愛的感覺停留在心中。

這時候，你可以選擇過去一個不好的經驗，感覺到父母不愛自己的時刻，然後想像有一個新的劇本出現，那就是父母非常支持你的想法，他們給你無條件的愛，讓你感受到被支持、被愛，你的心裡都是粉紅色的泡泡，那是一種被愛填滿的感覺，因為這樣的愛，你可以更有勇氣面對任何事情，包括被情緒勒索等，你都將逐步克服，因為你的人生充滿著愛，所以不需要接受別人的勒索，也可以感受到滿滿的愛！

你或許會說：這有可能嗎？

如果你從未嘗試過，當然不可能！事實上，只要你重新去調整狀況，重新去經歷那個充滿愛的時刻，就會讓大腦逐步調整自己的想法，現在的自己也會更有自信，更能感受到愛！

26 正念能量的心靈練習——與父母親和解的冥想

現在我們準備要進行內在模式的調整，與父母親和解，回歸愛的本質，或許有些時候，爸爸媽媽不是很完美的人，我們對他們要求過高，甚至於期望他們變成另一個模樣，如此一來，我們就無法看見生命的真相了。

生命的真相就是，我們必須透過爸爸媽媽擁有生命。如果換成別人的爸爸媽媽，那就不是現在的你了。因此，要接受生命的真相。雖然外在的父母有種種的狀況，但真正的結、真正的實相，是來自我們內在的解讀和認知。

所以只要跟我們內在的爸爸媽媽和解，它也是跟自己和解，就能以新的視角面對新的外在狀態，生命力就會重新開展，回到愛的本質上。

＊練習

好，閉上眼睛，深吸一口氣，慢慢的吐出來，

我們先來跟母親和解，透過感謝和諒解，來進行這場內在的旅程。

請再一次的呼吸，把焦點慢慢的轉到內心來，

請你想像媽媽的樣子，邀請她來到你的面前，

透過跟她眼神的交流，慢慢的連結起來，與媽媽形成愛的圈圈能量。

然後發自內心對她說：

媽，感謝妳，是妳把我帶到這個世上來，

如果沒有妳，就不會有我這個生命，

雖然，我曾經因為妳所做的事情，而責備妳、抱怨妳，

認為妳不夠好，但是我由衷的感恩妳，

沒有妳，就沒有我，如果我生在別的家庭，我就不再是自己，而是別人了。

媽，妳所給我的是最珍貴的生命，
其他的如果我有需要，我可以從別的地方找到，
但是，只有妳給予我這個最珍貴的生命，謝謝妳。
妳是我的媽媽，除了妳之外我不要別人。

最後用你的方式跟媽媽說謝謝，
你可以鞠躬或磕頭，或者深深的擁抱，
你可以從內心發出愛的能量圈圈互為擁抱，送愛和光給她。

接下來是對父親的和解，透過感謝和諒解，進行這場內在的旅程。
請再一次的呼吸，把焦點慢慢的轉到內心，
請你想像爸爸的樣子，邀請他來到你的面前，
透過跟他眼神的交流，慢慢的連結起來，
與爸爸形成愛的圈圈能量，然後發自內心對他說：

爸，感謝你，是你把我帶到這個世上來，
如果沒有你，就不會有我這個生命，
雖然，我曾經因為你所做的事情，而責備你、抱怨你，
認為你不夠好，但是我由衷的感恩你，
沒有你，就沒有我，如果我生在別的家庭，我就不再是自己，而是別人了。

爸，你所給我的是最珍貴的生命，
其他的如果我有需要，我可以從別的地方找到，
但是，只有你給予我這個最珍貴的生命，謝謝你。
你是我的爸爸，除了你之外我不要別人，

最後用你的方式跟爸爸說謝謝，

你可以鞠躬或磕頭，或者深深的擁抱，
你可以從內心發出愛的能量圈圈互為擁抱，送愛和光給他。
然後慢慢的與他們道別，把所有的感受默默的收在心中，
深吸一口氣，慢慢吐出來，慢慢回到當下，回到自己來，
睜開眼睛，感恩這個旅程。

掃描即可連結「能量的心靈練習」

回家過年是義務嗎——選擇沒有對與錯

經過這次不好的經驗之後，明彰跟淑萍覺得很生氣，於是兩人約定這次過年不回家。

快要接近年關的時候，媽媽撥了電話給明彰，「明彰，你什麼時候要回家啊？」

「怎麼了嗎？」明彰問。

「你爸說如果你提早回來，就可以開車帶我一起去買菜啊！」媽媽說。

「這樣啊！」明彰遲疑了一下說：「我們今年可能需要輪班，沒有辦法回台北耶！」

「輪班？怎麼以前沒聽你說？」

「我之前的公司沒有啊！」明彰說：「後來換了這間公司，今年有了輪班的新規定，所以我就沒辦法回去了。」

「這樣啊！」媽媽說：「那你自己好好保重啊。」

幾天後，媽媽也打了電話給淑萍，「淑萍啊！妳什麼時候回娘家？」

「媽，我今年不回去了。」淑萍有點冷淡地說：「我婆家今年打算要出國，所以不回娘家了。」

媽媽覺得事有蹊蹺，於是繼續逼問淑萍，「是不是因為上次的事情，妳和明彰不高興？」

「對啊！」淑萍也很直率地說：「反正你們只疼弟弟，剛好哥哥要輪班，我也不一定要回去，跟老公約好一起出遊了。」

「你們太過分了。」媽媽生氣地說：「我們把你們養這麼大，居然說這種話！」

「我不覺得這有什麼。」淑萍說：「既然你們看不到我跟哥哥，只袒護彥誠，那就這樣吧！」說完就把電話掛了。

不要把所有的事情都放到天平上

回不回家過年，是不是覺得自己大逆不道，這些都是取決於每一個人的想法。現代的人工作忙碌，有時候會趁春節的時候，出國休息度假，行程沒有對錯，只看你是否需要。

有沒有回家過年，其實並不是最重要的事情，重點是：「你回家的意義為何？」如果你的目的是要陪伴父母，就不應該只有春節，而是只要有空都可以做！

當你自己問心無愧的時候，就不需要擔心不回家是否冷血無情。每個人都有自己的人生要過，有些人要上班、有些人要出遊、有些人趁這時候進修、有些人則是想要放鬆自己，給自己一段靜心的時間，這都是個人選擇，並沒有對與錯，不需要把任何事情都放到天平上來秤。

生命的每一個選擇，都是自我意識的投射，想要擺脫情緒勒索的枷鎖，就得拿回自己的主導權，不要把焦點放在他人身上，而是要把所有紛亂放回到自己的內心當中。

如果你可以一心不亂，就能有餘裕處理任何情緒的糾結。這時候才會發現，生命的所有過程都是禮物，就連情緒勒索也一樣。

現在請找一個地方，把自己安安靜靜地安住在那個位置上，然後規律地呼吸。什麼事情都不要做、什麼音樂都不要聽，就這樣靜靜地坐在位置上，一步步回到自己的內心，把紛亂的意識都聚焦到內心當中，好好地跟自己相處一陣子吧！

透過反覆練習，你會更容易把焦點集中在自己的內心，而不是他人的指指點點，讓自己更能接受這樣的自己。

27 正念能量的心靈練習——蒐集幸福，打造屬於自己的幸福筆記本！

＊練習

❶找一個地方安靜地坐下來，什麼都不要想。
❷去感受一下，哪些幸福的頻率、哪些愛的氛圍是你所想要的。
❸打開電腦或圖片庫，去找到任何可以讓你感覺到幸福的故事、文字與圖片。
❹把這些相關的「幸福」文字或圖片蒐集起來，成為你的幸福筆記本！
❺當你覺得不開心、挫折的時候，就把這本幸福筆記本拿出來。

心靈筆記

心靈筆記

Chapter 6

親戚真的不用計較？

多年前，有一部七點檔連續劇《親戚不計較》，但在連續劇當中，兩家的長輩卻是計較得要死，大家誰也不讓誰，不只是比大人，也比小孩，兩個人鬧了很多的笑話，但這樣的話題卻不是笑話，它不斷地在人們的周遭上演。

這一章會用案例討論，再說明如何破解。

難道幫忙都是應該的——面對理所當然的應對之道

育騰曾經在一間上市公司當業務副總，但一直想要做生意的他，最後選擇自己創業，成立了一間廣告公司，專門協助中小企業做小本廣告，認真的他在創業第三年，公司就逐漸穩定下來，生意也蒸蒸日上。

因為公司較為穩定，育騰今年回老家幫忙掃墓，也剛好所有的親戚都回來了，於是一群人就提議到餐廳用餐。育騰跟爸媽也一起去了，這時候他才認識了一些親戚，有些是之前看過，有些則是根本沒有見過的。

吃飯到一半，育騰聊到自己正在開公司，而之前在某上市公司擔任業務副總，只因為想要創業，才離開老東家。

育騰的堂叔就說話了，「還記得堂叔嗎？剛剛聽你說，你之前是某某上市公司的副總啊？」

「對啊！怎麼了嗎？」

「有件小事想要你幫忙一下。」堂叔說：「我的小兒子，想要進去某某公司，但是一直都不得其門而入。要不這樣，你去跟以前的老同事推薦一下你的小堂弟，這樣他就有機會進去了。」

「堂叔，這怎麼幫呢？」育騰有點為難，因為這跟他的信念不一樣。

堂叔說：「你這句話什麼意思？我們是親戚，幫一下忙都不肯嗎？」

育騰解釋：「這要看堂弟的實力，他有實力自然就進去了啊！」

「你的意思是我家小孩沒實力嘍！」堂叔開始無理取鬧，「不幫就不幫，有什麼了不起，自己開公司就瞧不起人嗎？」

這時候育騰有股無名火升起。媽媽看到育騰兩頰脹紅，就知道他正在生氣，急忙把育騰拉到旁邊。

不視為理所當然，學習如何感恩他人

看到剛剛的案例，應該很多人都心有戚戚焉。這是大部分人的寫照，特別是華人喜歡靠關係、走後門，這種人情的請託往往令人難以面對。在實際上碰到的時候，通常不是打哈哈讓這件事情隨時間淡忘，要不就是虛應一下故事，要真正做到或是拒絕，都是比較少見的。

這樣的情形該怎麼處理，最簡單的方法就是好好溝通。不在大庭廣眾下讓對方出醜，而是私底下去告訴對方這件事情的難度，這樣是相對容易的方法。只要有良好的溝通，這種事情有八成都可以好好解決，剩下兩成就是那些不合理的要求，那就只能當作秀才遇到兵，有理說不清，盡量敬而遠之了。

但對於個人修養，反而是我們需要學習的面向。

我們生活當中，總是會不經意地認為很多事情是「理所當然」，媽媽「理所當然」地要幫助小孩，小孩「理所當然」地要孝順父母，親戚之間「理所當然」地要幫忙對方，這些理所當然，會讓我們失去身而為人的溫度，忘記我們應該要感謝目前所有的一切。

感謝、感恩，並不是虛偽的感情，而是當你體會到「一日之所需，百工斯為備」的狀況，所有的一切都不是「理所當然」，這時候，你會由內心當中湧出這世界多麼美好，所有的一切都這樣幫我們準備好，我們需要感恩、感謝大家的付出，我們才能好好地活著。

28 正念能量的心靈練習——感恩一切人事物！

感恩，是世界上最強大的力量。當你滿懷感恩的時候，就是對世界釋放「我很富有」的訊息，這時候宇宙也會回饋你，讓你更加富有。這才是所謂的馬太效應的真諦！

＊練習

❶每天感謝一個人、事、物，並且說出具體的情況。像是：我感謝媽媽幫我準備好早餐，讓我可以每天有精神地上學、上班。

❷體會那種感謝之情在身上的情緒表現。

❸感受如何將感謝散發到全世界，然後全世界會因為你而越來越美好！

每天比來比去，不累嗎——長輩間的隱性競爭

人類是一種喜歡比較的生物，華人更是愛比。

從嬰兒時期的體重、身高、多早會說話；到了上學之後，開始比學業成績，國文幾分、英文幾分、數學幾分，考什麼樣的學校，念什麼樣的科系；出了社會之後，長輩開始比收入、比職位、比成就、比認識了誰；年紀再大一點，就開始比結婚與否、生小孩與否、有沒有給生活費，就這樣比來比去，把一輩子都比完了，但我們贏了什麼？

育騰就是在這樣的大家族中長大，雖然他現在自己開公司，有了一些小成績，但親戚之間的比較卻從未間斷。

就在回家幫忙掃墓的某一天，隔壁的四叔跑來問育騰，「小騰，在台北過

得怎樣啊？」

「馬馬虎虎。」育騰笑著說：「之前在大公司上班，現在自己創業。」

「這樣啊！」四叔說：「你小堂弟好像也在大公司上班，好像叫什麼，很大的一間公司。」

「我印象中是不是某某公司？」育騰問。

「對啦！對啦！你看我都忘了，和你們公司比，他們公司怎樣啊？」

「跟我之前的公司比，大多了。」育騰說：「跟我現在的公司比，那根本就是地跟天。」

四叔聽到育騰的回答，笑得合不攏嘴，「他就是能幹，一路就是南一中、台大。」

「是啊！」育騰陪笑地說。心裡卻想：四叔這是炫耀吧！

於是育騰又開口，「其實產業不同，狀況也不一樣。像他們那個產業就很辛苦，毛利很少、沒有加班就沒有好的薪資，所以常常不能回家。像這次清明節，他們要準備出貨，就沒有時間回來幫忙，所以好不好都是見仁見智。」

四叔聽完之後，勉強地擠出幾句話：「對……對啊！他……就真的很忙……忙。快要吃中餐了，我得要快點回去，不然你四嬸又不高興了！」

戳破比較的假面具，讓關係單純化！

大部分的人沉醉在比較的競賽中，卻沒有發現到這場比賽當中，沒有贏的人，只有輸的人。不管比誰的小孩比較厲害、比誰的小孩錢賺得多，到最後有些人看似贏了，但卻輸了彼此的關係。

輸的人也有可能因為這樣的比較，硬要自己的小孩更加出人頭地，所以透過情緒勒索的方式，想要讓小孩更加優秀，卻讓小孩跟自己越走越遠。

有個朋友的媽媽，非常熱衷比較小孩的成長，朋友念國中的時候，成績從遠本的前三名逐步下滑，甚至到了第十名。

她對著朋友大吼：「如果下一次段考，再看到你任何一科不及格，你就不要回家了，直接去流浪吧！」

朋友看到媽媽發出的最後通牒，只好努力地看書、考試，終於在下一次考試取得了好成績。

媽媽只是點點頭地說：「這樣才對！」

然後下一秒鐘就撥電話給另外一個親戚，說小孩這次的成績差強人意，只能到班上第二名而已，但眼角的笑意高高地掛著，彷彿這樣就贏得了世界。但事實上，在這場比較競賽當中，沒有人贏，全部都是輸家。

29 正念能量的心靈練習——分享愛、分享幸運、分享幸福

競爭，只會造成紛爭；分享，才能成就和諧。當我們面臨到競爭的時候，總是非要爭個你死我活不可，但其實我們所需要的東西不見得相同，沒有必要分出勝負；甚至，我們可以透過分享，讓生命更加富有！

＊練習

❶嘗試把你所有的一切分享出去。
❷當你想要得到幸福，就分享幸福，讓別人更幸福！
❸當你想要得到愛，就分享愛，讓別人沉醉在愛當中！
❹你可以透過言語的鼓勵、物品的分享、能力的授予等，把你所擁有的一切分享出去，透過分享，反而會讓你的生命更加茁壯與強大！

你真的是我們家的人嗎——酸言酸語的應對之道

隔天育騰跟三叔、四叔去掃另外一個祖先的墓地，這時候三叔跟他的小兒子開車，育騰跟四叔坐後面。

四叔覺得在車上很無聊，於是就對三叔的小兒子說：「穎恩啊！現在在哪裡上班啊？」

三叔一聽，就淡淡地說：「他現在剛好換工作。」

「是喔！」四叔不死心地追問：「換什麼工作啊？」

「我之前在超商上班，現在應該會換到另外一家餐飲公司。」穎恩誠實地說道。

「原來在超商打工喔！這不是大學生在做的事情嗎？怎麼會當成正常職業

呢！」四叔挖苦道：「像我兒子，在台北的上市公司上班，當資深工程師，薪水好幾十萬。還有育騰，人家也自己開公司，薪水很不錯。我們家的小孩都很優秀，怎麼你在便利商店當打工的？」

「阿水！」三叔不高興地對四叔說：「你可不可以少說一點？」

這時候穎恩用手制止了三叔，示意他不要跟四叔生氣，然後淡淡地說：「對啊！從小我就不愛讀書，所以很早就去打工，養活自己。我上大學是靠自己努力，並沒有跟家裡拿任何一毛錢。就像四叔您說的一樣，我的確不是很優秀，但我很努力，在我離職之前已經做到地區督導，現在我要轉去另外一間餐飲公司當北區營業處的處長。雖然可能沒有小堂弟賺得多，但也是北區最大的職位，不知道這樣算不算優秀呢？」

四叔聽到穎恩的回答，也只能摸摸鼻子說：「很好！很好！」

在一旁的育騰則是心中豎起大拇指，稱讚堂弟回得好。

用幽默化解尷尬，用智慧轉變觀念！

有些家族長輩，除了喜歡比較之外，還會用酸言酸語來挖苦別人，彷彿全世界就他家的小孩最厲害，而這樣的狀況往往會讓人氣得牙癢癢，尤其是有些成績、成就沒那麼好的人，更是會被酸得無地自容，但又不能對長輩怎樣，只能自己乾瞪眼。

但是，案例中的穎恩就不一樣了，他用不卑不亢的態度來回應四叔的酸言酸語，不但沒跟四叔正面衝突，還反將了一軍，這就是很好的例子。

有時候，面對這些冷嘲熱諷，其實不需要太在意。因為他們通常在你的生命當中沒有任何意義，如果把這些話都當真，只會讓自己陷入情緒的漩渦。

因此，當我們碰到這樣的問題時，請先把心靜下來，不需要太快回應，不需要直接就罵回去；你需要做的事情是深呼吸，讓自己有一點緩和情緒的空間與時間，然後想想如何回應。

在回應這方面的話題時，謹記兩個原則——「幽默」與「智慧」。

幽默就是開開自己的玩笑，或者是用一些話語來潤飾，讓回擊的話語不會太過尖銳，但可以收到同樣的功效。

另外一個就是智慧，智慧是非常難具體化形容的一項原則，這是需要長期跟人互動與溝通之後，才有辦法凝結出來的結果。

這兩個原則說來容易做來難，需要透過不斷地鍛鍊自己的心，才有可能做到。

30 正念能量的心靈練習——找出其他優點！

當我們跟人溝通的時候，往往會出現許多比較的狀況，這時候不需要拿自己的弱點去比對方的優點，而是善用自己的優勢來扭轉劣勢。

＊練習

想要達成扭轉劣勢的效果，可以套用這樣的句型：

就像你說的，我並不優秀，並沒有（**對方所說的事情**），但是，我在（**哪些方面做得很好，羅列自己做得很好的事情，像是對父母很孝順等**），我也覺得自己做得問心無愧，我對得起父母，我想父母也很欣慰，這樣就好了！

不需要把所有的人都放在同一個天平上，畢竟優秀的人也有不優秀的地方，出國留學的人總是無法陪伴在父母身邊，事業有成的人不見得可以陪小孩，只要知道自己有哪些優點就好，用自己的優點來襯托自己的個性，就不會被酸言酸語帶著走！

POINT

善用優勢，面對酸言酸語更從容。

別這麼不留面子——把焦點定在事情本身

某天下午，育騰接到爸爸來電，說是要商量奶奶撿骨一事，看育騰能不能回來一起商量，畢竟有很多執行的事務要交給年輕人來幫忙。育騰想了想就說好，接著他把工作處理一下，隔天搭高鐵回到了台南。

爸爸開著車齡十幾年的汽車來接他，然後就直接到大伯父家。一進門就聽到大堂哥大聲地說：「總之，我們已經決定了，四叔不需要再多說什麼！」

育騰的大堂哥雖然年屆四十，但說話聲音非常大，而且脾氣也很火爆，有什麼高興、不高興都是當場發作，沒有在客氣的。

「你這是什麼話！」四叔不高興地說：「你這也太沒有禮貌了！」

大堂哥冷笑地說：「你不想要撿骨，不就是因為這門風水蔭你們家族。以四叔您的能耐，這幾年怎麼混到風生水起的？小堂弟不也因為這樣才進了大公司嗎？」

「你說這什麼話！」四叔聲音開始大起來。

「不然你說說看，為什麼你這麼不想撿骨？」大堂哥也絲毫不留情面地單刀直入，「不就是你們喜歡這門風水嗎？」

「我是你四叔，你好歹留個面子給我吧！」四叔開始暴怒了。

「面子是自己給的！」大堂哥也不開心地說：「臉早就給你了，是你自己不要臉，說不要撿骨，所以我只好打你的臉！」

四叔氣到說不出話來。

「好了！」大堂哥說：「還有誰反對下個月撿骨？」

全場一陣靜默。最後是育騰出來打圓場，「我想撿骨應該沒有人反對啦！只是之後要怎樣安排、要放入哪個塔位，還是要葬回原地等，這些才是我們要討論的話題吧！」

「育騰說得對！」三叔馬上附和。四叔一聽到有台階可下，就說：「對啊！

我的意思也是這樣！」

最後在育騰的協助下，讓原本劍拔弩張的氣氛緩和下來，也順利地把事情討論完。

對事，不對人

在爭吵的場合，最容易出現情緒勒索的狀況。因為在場的人都怕情勢惡化，希望透過許多讓步，達到和諧的結果。但往往這樣的結果，只會助長強勢的人更加強勢，並沒有真正的和諧。但如果直來直往，任由情勢自由發展，可能也會造成一發不可收拾的結果。要如何真正做到和諧，讓對話可以順利進行，那就需要溝通能力。

怎樣的溝通能力才能真正做到讓對話順利進行呢？這時候就一定要有「對事不對人」的心態。這個心態說來容易，但真正要執行卻不簡單。因為人跟人之間在溝通的時候，非常容易有情緒起伏。有時候看似在講某件事情，但或許這件事情跟某人有關，對方就會覺得這是不是在說他，以為對方在人身攻擊而造成衝突。

為了要避免這種情況發生，我們可以在溝通的時候，先把大原則說清楚：這次的討論並不是要找誰麻煩，而是為了要解決事情；我們不是要把焦點放在人身上，而是要把事情做出一個好的結果。在這樣的大前提下，可以讓人慢慢練習對事不對人。

31 正念能量的心靈練習——讓語言純正

我們溝通時若產生情緒的時候，往往出口成「髒」，要不就是把語言化為利刃，刺向所有與自己溝通的人。這時候，就會造成無法磨滅的心結，而類似的情況，並不是我們想要看到的結果。所以，我們需要練習讓出口的語言純正。

＊練習

❶在每次說話之前停頓三秒鐘，讓想要說的話經過一下大腦。
❷想想看這樣的話是不是會傷到人？有沒有情緒勒索他人？
❸我的用語措詞是不是太過尖銳，會不會讓人有不好的反應？
❹透過這樣的檢視，可以讓情緒語言的傷害降到最低。

事業有成，就要負擔多一點——來自金錢的考驗

當大家討論奶奶的撿骨相關事宜，提到塔位的分攤金額時，育騰唯一的姑姑說：「我是嫁出去的女兒，這錢我不出。」

三叔則說：「看大家怎麼分。」

大堂哥對四叔說：「四叔，你這幾年賺很多，應該要多出一點吧！」

四叔聽到之後說：「我哪有賺很多，如果說要賺錢，應該是小騰。他現在事業有成，可以多負擔一點。」

育騰聽到這句話，覺得自己躺著也中槍。但他始終不做回應，聽著大家七嘴八舌，卻沒有辦法達成共識。

育騰看著這些人的嘴臉，覺得有點難過，這就是他的親戚，這就是奶奶辛

苦養大的小孩，卻是連一個塔位都要斤斤計較，不想出太多的錢。

最後，育騰對著大家說：「你們都別吵了，我來出吧！」這才結束了一場鬧劇。

轉化想法，迎來豐盛

親戚反目成仇的最大原因，通常都是錢。尤其是在分配財產，或者是要一起分攤費用的時候，就是考驗親情的最大關卡。為了錢，可以看見赤裸裸的情緒勒索，可以看見許多爾虞我詐，也可以看見非常黑暗的狀況，許多的紛爭就因為這樣而出現。

但是身而為人，你可以選擇不一樣的生命態度。是要跟這貧窮的、資源有限的想法過日子，還是要活在豐盛的狀態下，這些都是每個人的選擇。而育騰就在最後的權衡下，決定要活在一個豐盛的、有品質的生命當中，自願選擇負擔全部費用，讓自己成為金錢的主人，而不是被奴役的奴隸。

什麼是豐盛？什麼是貧窮？這些都有賴於人的定義與經歷。對於一個揮金如土的人，總是會覺得錢不夠用，就算是一千萬也不見得能用多久。但對於每天只需要幾碗滷肉飯的勞工來說，有一點的錢就可以夠他們用很久，這時候一千萬對他們來說就是豐盛。

既然我們無法透過金錢來定義豐盛，那麼還有什麼可以定義豐盛？真正的豐盛是給予，一個願意給予的人，一定是內心豐盛的人！

所以，當我們遇到被迫要多出一點的時候，就應該要想：我們能付出是因為我們豐盛，在付錢的時候，自然就有豐盛的心，也就能活出豐盛的生命！

32 正念能量的心靈練習——祝福生命的一切存在

祝福，也可以轉化你的內在狀態。請仔細想想，我們到底有多久沒有祝福別人了？更別說發自內心的祝福了！可能只有在朋友結婚或在家人獲得喜悅的時候，我們才會展現真心的祝福；更多的時候，我們表現出來的都是嫉妒、不甘心，甚至還會在心裡詛咒對方，但這樣的狀況對我們並非好事。

如果你願意，就開始學習祝福別人；如果你面對情緒勒索，就試著去祝福對方，讓事件中的每個人都受到你的祝福。就如同新約聖經當中，耶穌基督不斷透過祝福的方式，讓每一個受苦的人都能感受到祂的慈愛。即便我們不是耶穌，但只要我們發自內心祝福每一個人，就能不斷清理生命中的一切，並且讓種在潛意識中的業力可以有機會被轉化，成為生命中有益的存在。

要怎麼祝福對方呢？你可以當面祝福對方，也可以默默祝禱。至於祝福的內容，可以是祝福對方越來越開心、越來越快樂，也可以祝福對方生命越來越圓滿、越來越有智慧，或是祝福對方越來越有錢、收入越來越好！反正，祝福對方又不需要花錢，還能幫到自己，何樂而不為呢？

＊練習

- 每天寫下「給予一個人發自內心的祝福」，最少持續三十天。

心靈筆記

心靈筆記

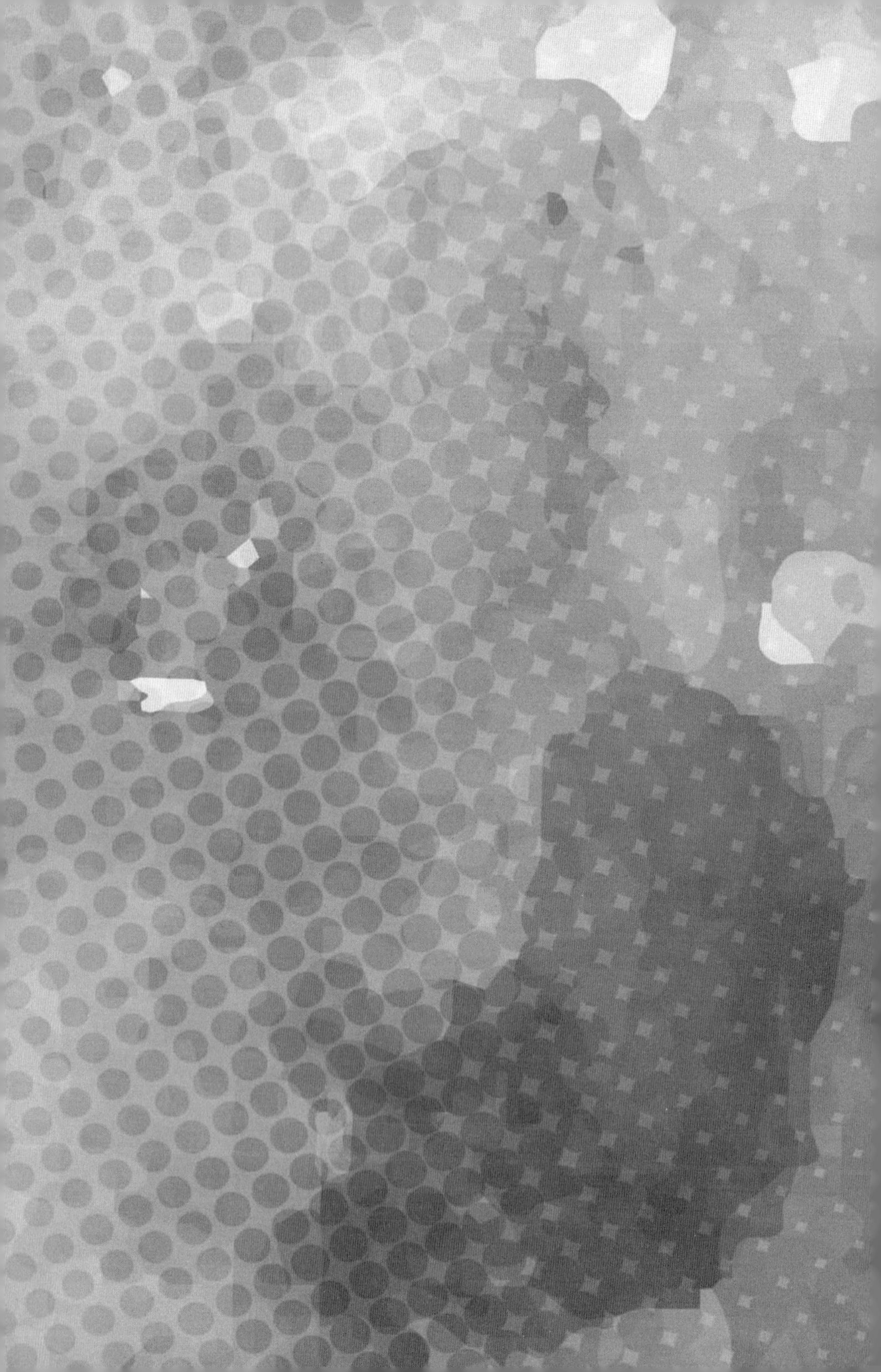

Chapter 7

從能量角度看情緒勒索

從第一章開始到第六章，我們都在要如何破解談情緒勒索、要如何遠離情緒風暴、要如何溝通、要如何凝視善意等，這些都是透過一些方法、心理學的技巧等。

但有沒有一種方法，可以看透這些情緒勒索的狀態呢？有沒有真正一勞永逸的方法呢？

搞定情緒，我變得有智慧——從學員的心得說起

我是一個從小受到情緒困惑的小孩，我的母親曾跟我說，翅膀硬了要離家出走了。

小時候的我不懂，覺得媽媽到底是要叫我「離家出走」還是「不離家出走」，讓我感覺很糾結，因為怎麼做都不對。離家出走會被罵，不離家出走，媽媽照樣不開心。

我的內在很擔心，怎麼樣做都不會滿意，不只是媽媽不滿意，爸爸不滿意，我的內在也不滿意。

但是修習過安老師的能量課程後，我發現有點不一樣了。在剛開始接觸老師的課程時，老師其實在意識裡偷偷下了一個暗示。

而這個暗示，是告訴我們內在的頻率要保持在開心的頻率，頻率跟身體的能量則是會遙相呼應。內在的頻率就好像看不見的種子，告訴我們內在的小孩不要害怕，開心的做自己，當自己透過這個逐步練習，便能用一種不同的氛圍去跟周邊的人接觸。

我發現，我會看得到那個故意作怪、想要藉此來吸引別人注意的自己，其實就是受到母親扭捏不知道如何自處的其中一個我。當開始看得見了，我知道有時候我正在做情緒勒索，而有時候我正在做情緒「被」勒索！

接下來一個階段，你會知道你的人生是有選擇的。你可以選擇跳開這樣的僵局，而且不知道為什麼，就直接跳脫了。這時候，周邊的人會慢慢減少玩「情緒勒索」的把戲，又或者他們知道我只是陪他開心的玩玩遊戲，知道自己的內在只是在開情緒勒索的玩笑。

我覺得這個狀態應該是意識上的豐盛造成的。從前那種擔心受罰、被罵，來自父母親壓力的感覺減少了很多，並且會發現你在感覺、在意識，或者在物質界上，越來越有能力去給予。

情緒勒索的困境，容易讓「愛」變質，害得生活變成一攤爛泥。而坊間的情緒勒索工作坊，強調的「感情界線」「Say No的能力」，抑或「逃離現狀的方法」，雖說很務實，保留了自身的完整性，但無形之中，也傷害到另外一個人的心。而小安老師的方法，卻不僅可以保留自身的完整性，還能完整對方，進而站在更高的層面面對事情、處理事情。

控制戲，掌握情緒的能量流動

想要能夠真正跳脫「情緒勒索」這個遊戲，就不能從原來的命題往下看，要不然就會陷入迷宮跟困境，常常解決了一個，又會生出另一個。所以，讓我們看清楚情緒勒索的本質吧！

到底什麼是情緒勒索的本質？本質就是情緒，情緒則是能量的流動，情緒的高低就決定了能量流動的方向，透過一些控制的手段與方法，可以讓他人的情緒狀態下降，這時候能量就會流向控制者。

在《聖境預言書》當中就有提到，兩個人之間的交流，就是能量交流，如果想要奪取能量，最容易的方法就是透過控制方法達到目的。

一般來說，人間上演的控制戲從積極到消極，大致可分為四類：脅迫、審問、冷漠、乞憐。

「脅迫者」就是直接強迫別人屈從他，就像是爸媽威脅小孩，如果小孩不聽話，就會丟棄他們、不給零用錢，或是任何會讓小孩屈從的方式，這就是脅迫者。

「審問者」控制他人的手段比較委婉巧妙，專門在對方的言行裡挑毛病，一步一步摧毀他的世界，以奪取他的能量，像是爸媽會數落小孩成績考不好、家事沒做好，讓小孩認為自己很差勁，進而控制小孩的能量狀態。

「乞憐者」則是最消極的控制戲，是透過貶低自己的方式，希望能獲得同情與關愛，以便控制對方。就像有些父母會對小孩說，「我很命苦，一個人要拉拔你們長大，吃盡了很多苦，所以你們要孝順我。」透過增強對方的罪惡感，讓對方順從自己。

最後就是「冷漠者」，冷漠者是最不容易察覺的控制者，他們透過一些看似「民主的語言」，卻是另外一種控制的方法，像是「隨你啊！反正後果我不承擔！」「你開心就好！反正我沒差。」言下之意，就是如果你不被我控制的話，你自己看著辦吧！

這四種類型是不是跟我們之前提到的施暴者、欲擒故縱者、自虐者、悲情者等情緒勒索者有異曲同工之妙呢？

從潛意識開始的旅程

當我們了解到情緒是由能量組成，所有的情緒勒索都是在剝奪能量時，就可以從這個層面來思考「情緒勒索」這件事。我們的能量狀態來自於幾個很重要的元素：身體、心理狀態、潛意識與超意識。

身體

身體是我們在這個世界上最重要的工具，身體不好，當然就無法發揮最佳潛能。我想讀者也應該有這樣的經驗，當你身體不舒服的時候，根本無力抵抗別人的情緒勒索，別人任何的要求，你都可能會接受。

這時候你的能量不足，就像是一個知名賽車手，卻配備了五十年的老爺車，能夠贏過現在最快的Ｆ１賽車嗎？當然不可能。

所以身體是發揮能量最好的工具，善待自己的身體、隨時保持在最佳狀態，就可以避免被剝奪能量。

心理狀態

人的心理狀態、情緒高低，也是能量的重要元素。當一個人心理狀態不好的時候，也很容易被情緒勒索。不知道讀者有沒有這樣的經驗，一旦被激怒，情緒狀態非常糟糕，刺激你要做出決定，就很容易答應。

最常見的就是別人說：「我說你不敢啦！」

處於被激怒狀態的自己就很有可能回應：「誰說我不敢！去就去！」於是能量的主控權就交出去了。有些乞憐者就是把氣氛搞得很悲情，讓你覺得不聽對方的話不行，最後就順從對方的意思，這也是透過心理狀態的影響。

潛意識

潛意識是連結超意識與現實世界（身體與心理狀態）最重要的樞紐，如果我們潛意識當中累積很多不好的經驗，像是從小被情緒脅迫、被乞憐者要求之類的，等到同樣情形出現時，就很容易重複同樣的結果，形成另外一種輪迴。想要扭轉現實世界與超意識時，就必須從潛意識下手。

超意識

超意識就是所謂的宇宙意識、大我意識，佛教稱為「阿賴耶」識，也就是集體意識，這些集體意識也會決定能量的高低好壞。

這樣的說法聽起來很虛幻，但我們可以舉一些實際的案例來解釋，就像是有些地方，你到了那邊覺得很舒服、身心感覺到舒暢放鬆，這時候你會精神奕奕，彷彿有取之不盡、用之不竭的能量。

但有些地方你一進去，就感覺到不舒服、想睡，覺得這邊讓你有壓迫感，可能這邊的能量就不太好。但超意識不只是場所的問題，還包括人、事、時、地、物等，這些都是超意識的範圍。

如果我們想要真正跳脫情緒勒索，就得要從潛意識著手，進行自我調整的旅程，這是最快、也是最有可能達成一勞永逸的方法。

33 正念能量的心靈練習——喜悅誓言

我願意選擇喜悅，而非受苦過日子。

在此時此刻，會讓我們體驗到痛苦是不存在的，因此生命的喜悅會湧入心中歸向我。

從今而後，我所經驗到的痛苦皆是虛幻，只有喜悅才是實相。

我之所以會痛苦，那是因為你還在夢裡頭，也是小我的騙局。

我的喜悅是在展現覺醒的狀態，也才是真真實實。

不求愛、不討愛，而是成為愛本身！

在進入潛意識之前，我們還是回到一個話題：愛。

綜觀所有的情緒勒索者與被勒索者，會發現到有一些共通點，那就是渴求「愛」。容易被情緒勒索的人，通常會有三種特質：

- 沒自信，所以需要別人的愛與認同。
- 罪惡感，所以需要別人的愛與認同。
- 安全感，所以需要別人的愛與認同。

那麼喜歡情緒勒索他人的人呢？也有三種特質：

- 沒自信，所以需要別人的愛與認同。
- 罪惡感，所以需要別人的愛與認同。
- 安全感，所以需要別人的愛與認同。

我們會發現到，這三個特質居然一模一樣！這代表不管是情緒勒索或是被情緒勒索，其實都是同一件事。通常擅長情緒勒索的人，也是經常會被情緒勒索的人；有些人小時候被長輩情緒勒索，到了長大後，就情緒勒索自己的晚輩。這些狀況並不是他們願意的，而是因為沒有察覺到自己的狀態，所以把這樣的狀況重演了出來，這就是一種世代輪迴。

舉例來說，傳統上，婆婆對媳婦通常都不太好，等到自己媳婦熬成婆的時候，就會用一樣的態度來面對自己的媳婦，然後媳婦就會覺得委屈；等到自己成為婆婆的時候，卻又繼續同樣的狀況，這就是一種世代輪迴。

為了終結這樣的世代輪迴，就需要覺察到：自己喜歡這樣的結果嗎？我可以改變些什麼嗎？唯有發現到自己正在世代輪迴當中，才有機會跳脫輪迴。

愛是什麼？

愛，是世界上的稀缺資源，但也是最豐沛的資源；愛是世界上最少的能量，也是最飽滿的能量。大部分的人無時無刻都在渴求愛的存在，所以我們透過奪取別人的愛或是交換愛來感受愛，卻不知道其實愛就在你的心中，不曾離開。

這世界是由物質與能量構成。佛教認為，這世界是虛幻的；印度教認為，世界是梵天的夢；基督教認為，這世界是由上帝創造；道家認為，這世界是由「道」所衍生而來。

因此我們可以知道，世界是由「無」所構成，這個「無」就是能量狀態。這股「能量」，也就是「愛」，無時無刻充斥在我們的周遭，我們隨時可以取用這樣的「愛」。

但我們卻沒有！

這是因為我們太關注現在的物質世界，太關注眼前的生存，卻忽略了更多的精神層面，導致我們失去了與能量連結的過程，只能透過互相剝奪來找尋殘存的愛。

但其實我們可以改變！

我們可以放棄剝奪別人的愛，也可以不再乞求愛，更可以不再討愛，因為這宇宙的愛是如此無窮無盡，根本不需要去掠奪才能得到。我們所需要做的事情，就是成為「愛」本身。

當我們跟宇宙的本源連結的時候，就能夠笑看這個虛幻的控制遊戲，我們可以看清楚這些情緒勒索不過就是在乞求愛，想要從另一個人身上奪取愛。當我們可以無時無刻地跟整個世界的能量相連結時，我們就擁有源源不絕的愛，這時什麼情緒勒索都不復存在了。

34 正念能量的心靈練習——成為愛的管道

說是要成為愛本身，可惜愛很抽象、很虛幻，但是我們可以透過開啟潛意識的方法，來連結愛的能量。

＊練習

❶你可以放鬆地坐著。

❷想像有一股清新的能量從宇宙灌入到你的身體當中，這股能量可以是粉紅色、紅色、白色、紫色，只要你能想像愛的顏色，它就是那種顏色。

❸想像自己跟這股能量的連結持續存在，吃飯的時候存在、睡覺的時候存在、走路的時候存在，你感受到那股能量跟你緊密地連結在一起。

❹持續做，你就可以慢慢感受到愛，並且成為愛的連結與通道。

境隨心轉，心隨念轉

在許多的典籍當中，都有提到一個觀念：這世界，就是我們意識的投射。你想要看到什麼環境，這環境就會出現。有些人會不服氣地質問：我們不想要看到貧困，但為什麼就是看到貧困呢？

如同《維摩詰經》中所提到，那時候舍利弗對佛陀說：您說這世界清淨無染，但我所見卻是塵埃遍野。於是佛陀把腳按在地上，霎時間世界就轉變成清淨無染。

佛陀就對舍利弗說：「若人心淨便見此土功德莊嚴。」意思就是說：當你的心不受外界干擾時，才能見到這世界原來是如此美好。

同樣地，外境是所有人聚合的結果，我們無法憑一人之力改變。但是這些外境能不能有機會在我的念頭中轉變呢？

當然有可能！當我們看到一個老婆婆在賣東西，很多人會說：「老婆婆好可憐，年紀這麼大還要工作。」

但我就會想：「她的身體很健康，所以才能出來賣東西。我去跟老婆婆買東西，就是讓她變健康的動力。」

這時候，世界雖然依舊，但你看世界的觀點已然不同，結果當然也就不一樣！你對世界的詮釋，決定了你如何看待這個世界，這就是境隨心轉。

從種子開始的四階段轉化

我們之前有提到潛意識是旅程的起點，也有提到種子的概念，而過去的許多種子，就是種在潛意識這片心田當中。所以當我們意識到問題時，通常都是種子發芽、成長、茁壯到成為一棵大樹時，我們才會發現問題的存在。這時候，我們常做的事情就是：砍掉樹枝；更勤勞一點的截樹幹，但卻沒有想過要連根拔起，以致造成了「春風吹又生」的狀況。

那麼，我們要如何在潛意識當中種下好種子呢？可以從四個階段來進行：

第一階段：發現真實自我

第一階段是讓我們的心回到最初的原生反應。透過探索自我，你將回歸最原始的情緒本能。現在人的情緒過於「社會化」，許多情緒都已經掩蓋了多層意義，所以你必須要做真實的自己。之後，你會發現自己有了感知能力，能夠去處理這些情緒勒索所帶來的「問題假象」。

第二階段：與初生嬰孩的氛圍連結

在過去，周邊的人不斷地用情緒轄壓你，但如果想要讓這樣的情況改變，就得回到初生的狀態。因為我們對於嬰孩的表現不曾責怪，所以當我們可以與初生嬰孩的狀態進行連結，自然就能用最純真的心來面對世界。當自己外在的氛圍變得和緩，情緒困境也會逐一消失。

第三階段：靈魂感知與給予

透過前兩個練習，你的內在靈魂會逐漸豐盛，當內在被滿足，就有能力給需要汲取關係。在這個階段中，我們逐漸諧合對方的頻率，並且昇華到靈魂層次去給予，在調頻感知的過程中，有時候更像是無線充電一樣，無需線路，就可以豐盛他人。

第四階段：轉化這場人生遊戲

我們在這個世界當中，養成了許多錯誤的情緒，其中最嚴重的情緒困境，通常是執著於「輸贏」，這可以說是情緒困境中最難面對的問題。

所以在這個階段，我們用輕鬆的態度來面對人生，把人生當作一場夢，時時刻刻活在當下，處在每一個臨在中。這時候，我們可以輕鬆地轉換這場人生遊戲的氛圍，讓輸贏變成一場美夢來進行，讓原本非贏即輸的遊戲被瓦解，進而達到情緒的雙贏。

把專注力拉回到自己身上

面對這個世界，我們很容易把專注力放在外界的變化上，世界的巨大變化讓我們的腳步無法跟上時，就會感受到自己的無力與無助。這時候我們很容易把能量主控權交給他人，包括自己的親人、師長、上司、朋友等，彷彿把這樣的權力交給別人，自己就可以免除所有的責任。但事實並非如此！

到最後，面對自己的，還是自己。

你的開心、難過、快樂、悲傷，還是只有你自己承受，如果把專注力都放在外面，你的心靈將會充滿這些情緒，並且感受到自己的無能為力，認為自己無法改變這一切，只能眼睜睜看著自己把生命的能量一點一滴燃燒殆盡。

但這真是你想要的嗎？

這是你降生的意義嗎？

人活這一生，真的只為了生存而已嗎？

你無法否定的是：最後，你還是得要反求諸己。

你必須把專注拉回到自己身上，讓意識回歸自身，認知到自己就是那個能量的來源，自己就是愛的本身，所有的愛無需外求，就在我們心中等待我們去挖取；我們無法從外面取得愛，只能訴諸自己的內心。這就是為什麼我們需要把焦點拉回自己身上！

如果你能夠誠實地面對真實的自己，那就能踏出與愛連結的第一步！

35 正念能量的心靈練習——愛自己

愛自己，是一件說來容易做難的事。很多人會覺得，我讓自己吃大餐、喝好酒、過好的生活，難道這樣不是愛自己嗎？可惜，這樣的行為通常都是糟蹋自己！真正的愛自己，是跟自己相處得很融洽，你不需要透過外境的狀況，就能體會到愛的溫暖，這樣才是愛自己！

＊練習

❶在洗澡前，把自己脫得一絲不掛，然後緊緊地抱住自己。

❷你有多久沒有好好這樣抱住自己了？你多久不曾這樣接觸過赤裸的自己？

❸去感受一下，如果抱住你的這雙手，就是「愛」，就是你信仰的神、你所渴望擁有的一切，那麼你會感覺到多幸福？會感受多少的愛？

❹去感謝神所給予的愛吧！

走自己的生命之路！

生命旅程是熱鬧的，也是孤獨的！出生的時候，你周遭有許多人；離開的時候，通常周遭也有許多人。但是你是一個人來，也是一個人回去，沒有人陪著你一起來，通常也沒有人陪著你一起走。所以，每個人的生命旅程，都是自己一個人走，在路上碰到的其他旅人，都是你的夥伴，但不會是你！

我們從情緒勒索談起，而今終於生命之路。這是因為情緒勒索不過就是自己生命中的插曲，所有的勒索都是過客，不應該在你的身上留下烙印，也不應該影響你跟其他旅人的關係。

所以情緒勒索，不過就是一種生命中的幻覺，但人們常常把這樣的幻覺擴大，甚至影響自己，誤認為自己無能為力，這樣才能成為一個被害者，因為我們以為：只有成為「被害者」，才有可能成為「被愛者」。

但是抱持這樣的心態，無助於我們接觸真正的愛，無助於我們的生命旅程，充其量只是人生的過場戲，這樣的被害情結不該是劇情的主軸，如何從世界的幻覺中醒來，才是我們真正要面對的課題。

如果我們可以從世界的幻覺中醒來，那麼所有的情緒勒索將不再是勒索，而是旅程中的煙火、是歸途中的繁花盛開，但那不是我來到這世界的原因。

為何而來？

我們談到靈性的層面，並不是要成為聖人，而是成為一個對自己負責的人。當我們能夠超脫在這些遊戲之外，才能拿回人生的主導權，看清楚你為何而來？這一生，你為何而來？

我們是來受苦的嗎？是的！

我們是來享樂的嗎？是的！

我們是來開心的嗎？是的！

我們是來悲傷的嗎？是的！

我們是來經驗所有這世界可以經驗的一切。

但最後還是得了解到，這樣的快樂、傷悲、享樂與痛苦，都是腦袋中化學物質刺激的結果，靈魂就如同舍利子一樣，不生不滅、不垢不淨、不增不減。當我們清楚靈魂來此的原因，路上的風景，不過就是增添生命的精采罷了！

在《這一生你為何而來》一書中，有一段話說得非常好：

人生有兩條不同的道路。如果依照社會的要求做自己不喜歡的事，就是追求別人的達摩。你會擁有豐富的經驗，越做越好，擔負更多的責任。你做更多你不喜歡的事，便會覺得生活越來越缺乏意義和成就感。

要追求自己的達摩，就要先做自己喜歡且有意義的事。而你的生活越來越有成就，你的滿足感也會給整個世界帶來益處。

所以，清楚你自己為何而來，把焦點放在你的生命之路，這樣才是真正超脫於情緒勒索之外的方法。

36正念能量的心靈練習——連結本源的冥想，讓自己和世界充滿能量

首先請你安靜坐下來，
深吸一口氣，慢慢的吐出來，
恍如你可以在眼前看見一輪明亮的太陽，
像是初生的陽光，
它的光度剛剛好，
你感覺自己像在陽光的籠罩下，
溫暖而安全。
你的注意力就像一盞探照燈，
焦點所在的地方，
你會為他注入光，
現在請你用內在的眼睛，
掃射自己的身體，

為他注入光，
讓自己放鬆。
當你放鬆，將更能打開內在的眼睛，
與你的大我連結，
融入你的靈魂，
進入向上的旅程。
把注意力放在你的頭，
放鬆你的顱腔，
為他注入光，
放鬆你的胸腔，你的下巴，
臉部的肌肉，嘴巴周圍的肌肉，
眼睛周圍的肌肉，
放鬆你的肩膀，肩頸，
想像你腦後的區域打開一個窗口，

讓更大的能量流動，
感覺胸腔的放鬆，
放鬆你的橫膈膜，你的背，
你的上臂，手指關節，
前臂，手掌，以及手指頭，
放鬆你的腹部，你的胃，你的腸，
放鬆你所有的腹部器官，
放鬆你的骨盆腔，你的大腿，
膝蓋，小腿，腳掌，腳背，腳趾頭，
讓自己全身放輕鬆。
再次的深吸一口氣，
感覺自己吸入更多的光，
把光引進你每一個器官，
彷彿你吸氣的時候，吸入光，

光的粒子，透過你的呼吸，進入你的血液，
透過血液循環，進入你全身的細胞，
你全身的細胞，經過光的潤澤，
顯得晶瑩透亮。
你釋放一切不再適合你的能量，
將騰出的空間，用光充滿。
你感覺非常的溫暖安全，
你能放下所有煩瑣的俗世，
進入純然的寧靜與自在。
你的每一次呼吸，都為自己吸入更多的光，
你感覺自己越來越放鬆，
越來越充滿光，
彷彿你可以向上飄升，
進入靈魂的次元。

靈魂的次元是靈魂所在的世界，
你的靈魂是光，它是跨次元的存在體，
它是一股巨大的能量，
在靈魂的次元中，
感覺起來，像是明亮的大光球，
當你進入靈魂的次元，
你可以呼請靈魂，
它將回應你的召喚，
向你靠近，將你包圍，
把你浸潤在它純然的愛和光之中，
你感覺非常的溫暖安全。
透過靈魂的眼睛，
你可以看見所有的光工作者的靈魂，
感覺到它們的光與愛。

你的指導靈，許多的光之靈、高靈、大師，以及天使，
都在這裡加入你。
請你再次的深吸一口氣，
感覺所有靈魂的光蛋邊緣，
開始擴散，
能量在彼此之間流轉、交融、相互共振，
形成一個美麗巨大的明亮光蛋，
所有的人與這個能量合而為一。
最好將自己融入最高的光之中。
你可以帶著能量充滿的感受，開始讓自己慢慢回來，
回到三次元的時空之中，當你完全回來，
你可以慢慢的睜開眼睛，動動四肢，
完全的清醒過來。

掃描即可連結「能量的心靈練習」

心靈筆記

心靈筆記

你甚至可以
比你想像的更有力量。

安一心
2018.1.22

面對家人的情緒勒索

修煉你的心，掌握能量流動，其實你也能做得很好

Heart
樂・心靈
001

作者：安一心
責任編輯：林曉萌
總編輯：黃文慧
封面設計：謝佳穎
內頁設計：郭嘉敏
印務：黃禮賢
企劃：莊晏青

社長：郭重興
發行人兼出版總監：曾大福
總編輯：黃文慧
出版：快樂文化出版
地址：231 新北市新店區民權路 108-1 號 8 樓
粉絲團：https://www.facebook.com/Happyhappybooks/
電話：(02) 2218-1417　傳真：(02) 2218-8057

發行：遠足文化事業股份有限公司
地址：231 新北市新店區民權路 108-2 號 9 樓
電話：(02) 2218-1417　傳真：(02) 2218-1142
電郵：service@bookrep.com.tw
郵撥帳號：19504465
客服電話：0800-221-029
網址：www.bookrep.com.tw

法律顧問：華洋法律事務所 蘇文生律師
印製　成陽印刷股份有限公司　電話：02-2265-1491

初版一刷　西元 2018 年 2 月
初版四刷　西元 2020 年 8 月

快樂文化
Happy Publishing House

國家圖書館出版品預行編目 (CIP) 資料

面對家人的情緒勒索：修煉你的心，掌握能量流動，其實你也能做得很好 / 安一心著 . -- 初版 . -- 新北市：快樂文化出版：遠足文化發行，2018.02
面；　公分 . -- (樂 . 心靈；1)
ISBN 978-986-95917-1-3(平裝)

1. 情緒管理 2. 生活指導

176.52　　106024701

廣	告	回	信
板橋郵局登記證			
板橋廣字第 1 1 3 9 號			

免貼郵票

23141

新北市新店區民權路 108-2 號 9 樓

遠足文化事業股份有限公司　收

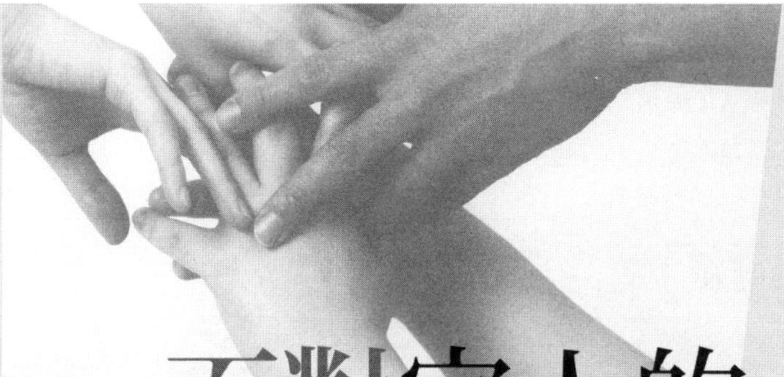

面對家人的情緒勒索

快樂文化 Happy Publishing House

書名｜面對家人的情緒勒索　書號｜樂・心靈001

讀者回函卡

感謝您購買本公司出版的書籍，您的建議就是快樂化前進的原動力。請撥冗填寫此卡，我們將不定期提供您最新的出版訊息與優惠活動。您的支持與鼓勵，將使我們更加努力製作出更好的作品。

讀者資料

- 姓名：＿＿＿＿＿＿ ● 性別：□男 □女 ● 出生年月日：民國＿＿年＿＿月＿＿日
- E-mail：＿＿＿＿＿＿＿＿＿＿＿＿
- 地址：□□□□□＿＿＿＿＿＿＿＿＿＿＿＿
- 電話：＿＿＿＿＿＿ 手機：＿＿＿＿＿＿ 傳真：＿＿＿＿＿＿
- 職業：□學生 □生產、製造 □金融、商業 □傳播、廣告
  □軍人、公務 □教育、文化 □旅遊、運輸 □醫療、保健
  □仲介、服務 □自由、家管 □其他

購書資料

1. 您如何購買本書？ □一般書店（＿＿縣市＿＿書店）
   □網路書店（＿＿＿＿書店）□量販店 □郵購 □其他
2. 您從何處知道本書？ □一般書店 □網路書店（＿＿＿＿書店） □量販店 □報紙
   □廣播 □電視 □朋友推薦 □其他＿＿＿＿
3. 您購買本書的原因？ □喜歡作者 □對內容感興趣 □工作需要 □其他＿＿＿＿
4. 您對本書的評價：（請填代號 1. 非常滿意 2. 滿意 3. 尚可 4. 待改進）
   □定價 □內容 □版面編排 □印刷 □整體評價
5. 您的閱讀習慣： □生活風格 □休閒旅遊 □健康醫療 □美容造型 □兩性
   □文史哲 □藝術 □百科 □圖鑑 □其他＿＿＿＿
6. 您是否願意加入快樂文化Facebook：□是 □否
7. 您最喜歡作者在本書中的哪一個單元：＿＿＿＿＿＿＿＿＿＿＿＿
8. 您對本書或本公司的建議：

寄回函，抽好禮

活動辦法：只要填妥書中讀者回函卡，寄回本公司（直接投郵），就有機會獲得「【Bonnie House】淨化再生脈輪紓壓精油」乙瓶！

活動期間：即日起至**2018.4.30**(以郵戳為憑)

獎項：【Bonnie House】淨化再生脈輪紓壓精油（**10ml**），市價**800**元（五名）

得獎公佈：**2018.5.10**公布於快樂文化粉絲團

備註：

①獎品隨機抽獎，寄送僅限台、澎、金、馬地區。
②如聯繫未果，或期他不可抗力之因素，快樂文化將保留活動變更之權利。

快樂文化
Happy Publishing House

快樂文化
Happy Publishing House